# 콩콩콩 음악이론

11권

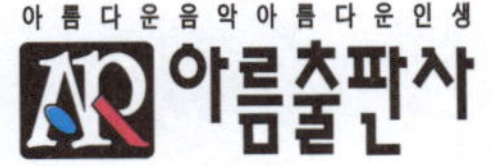

# 머리말

피아노 교육은 어린이들에게 테크닉만 강요하는 것이 아니라
어린이 성장에 꼭 필요한 감수성과 두뇌 발달,
창의력 개발을 도와주는 포괄적 음악 교육의 시작입니다.
포괄적 음악 교육의 시작인 피아노 교육에 있어서
꼭 필요한 것이 기초 음악이론 입니다.

"콩콩콩 음악이론"은 피아노를 처음 배우는 어린이들에게
꼭 필요한 기초 음악이론을 쉽게 이해하며 재미있게 학습할 수 있도록
구성된 이론교재입니다.

1. 이론 부분은 요점만 간단하게 하고 그림으로 이해를 돕도록 하였습니다.
2. 글을 잘 몰라도 쉽게 할 수 있도록 정리, 쉬운 과정부터 차근차근
   난이도가 완만하도록 배열하였습니다.
3. 반복 학습은 하되 암기가 아니라 이해하며 학습하도록
   체계적으로 구성하였습니다.
4. 다양한 구성으로 혼자서도 충분히 학습할 수 있게 하여
   선생님들의 번거로움을 덜어드리고자 하였습니다.

사랑하는 어린이들의 소중한 음악 교육에 "콩콩콩 음악이론"이 널리
쓰이길 바라며 본 교재를 사용하는 어린이들이 아름다운 음악을 통하여
아름다운 인생을 키울 수 있기를 기대합니다.

# 차 례

# part. 01 계이름과 영어 음이름 1

월 일

| | | | | | | | | |
|---|---|---|---|---|---|---|---|---|
| 계 이 름 | 도 | 레 | 미 | 파 | 솔 | 라 | 시 | 도 |
| 영어 음이름 | C | D | E | F | G | A | B | C |

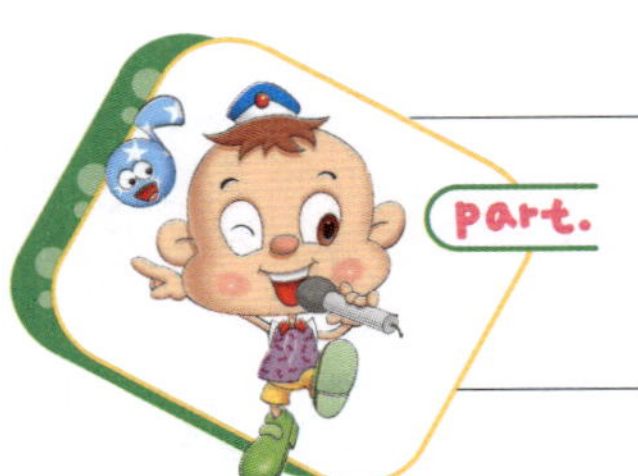

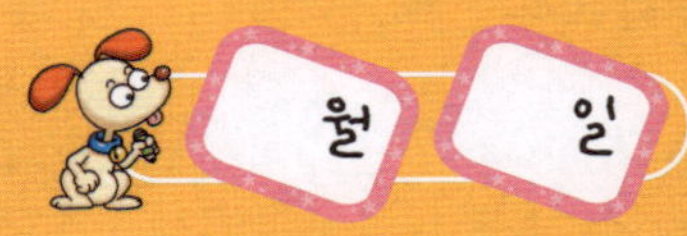

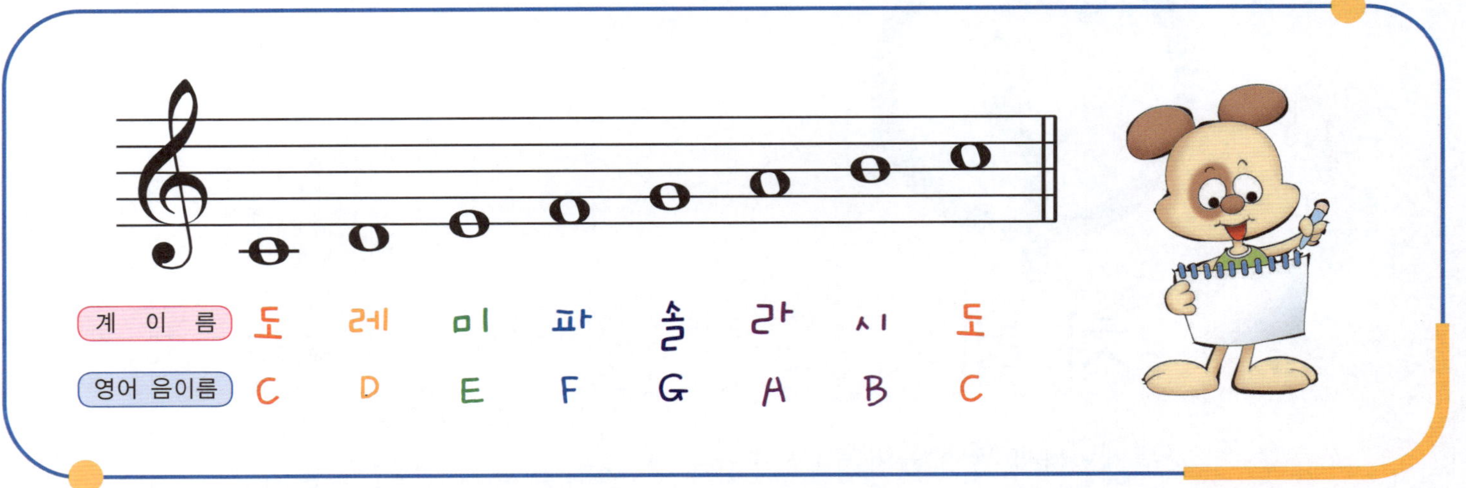

계이름과 영어 음이름을 써 보세요.

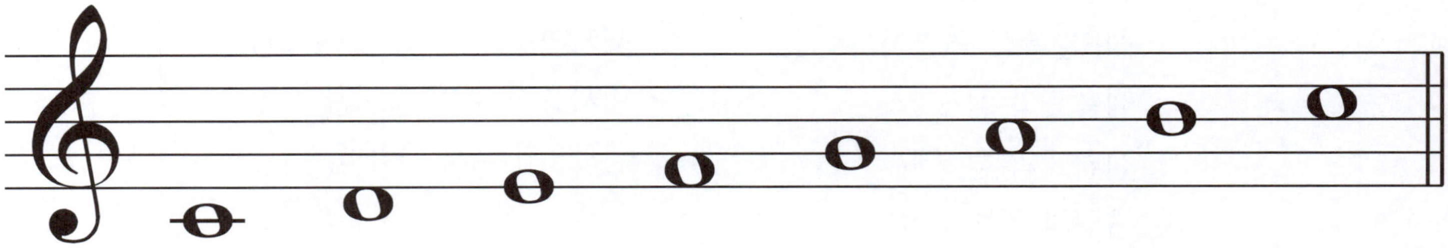

| | | | | | | | | |
|---|---|---|---|---|---|---|---|---|
| 계이름 | 도 | 레 | 미 | 파 | 솔 | 라 | 시 | 도 |
| 영 어 음이름 | C | D | E | F | G | A | B | C |

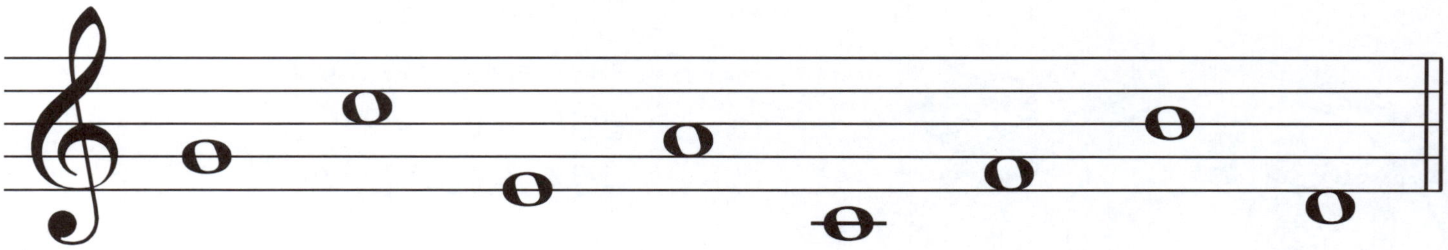

| | | | | | | | | |
|---|---|---|---|---|---|---|---|---|
| 계이름 | | | | | | | | |
| 영 어 음이름 | | | | | | | | |

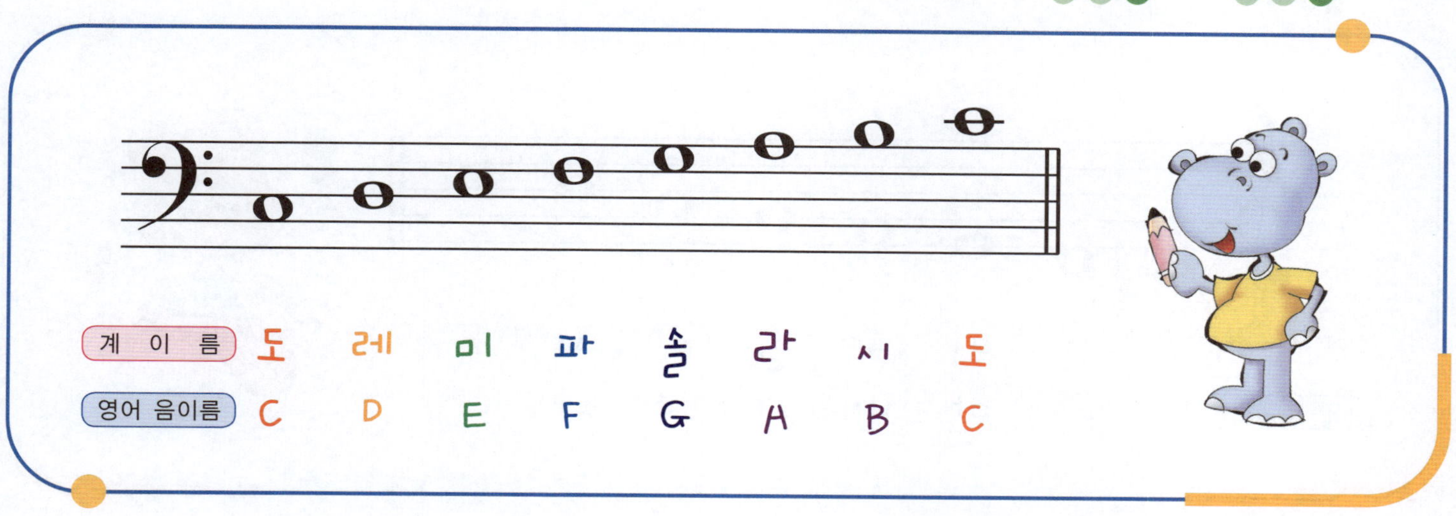


계이름과 영어 음이름을 써 보세요.

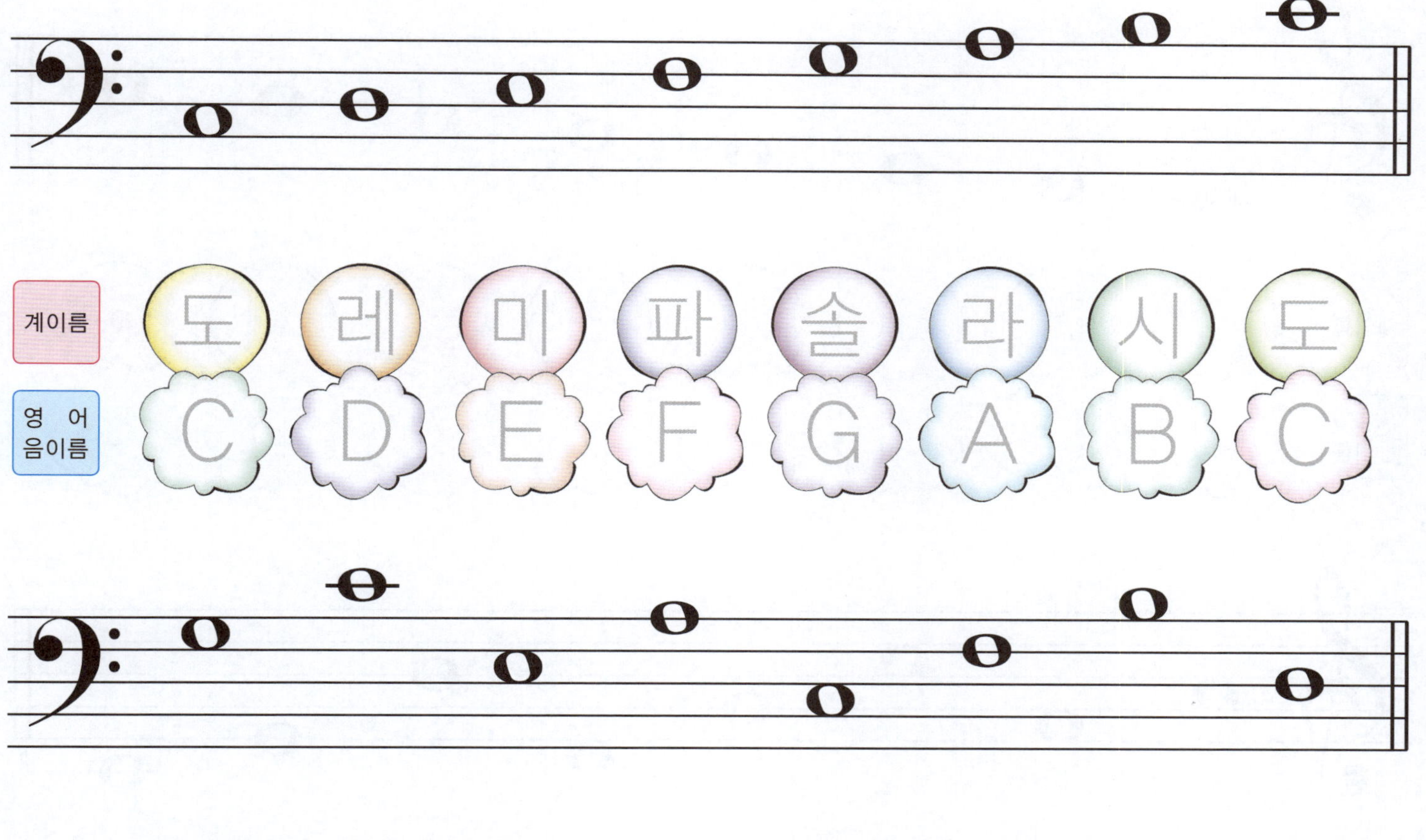

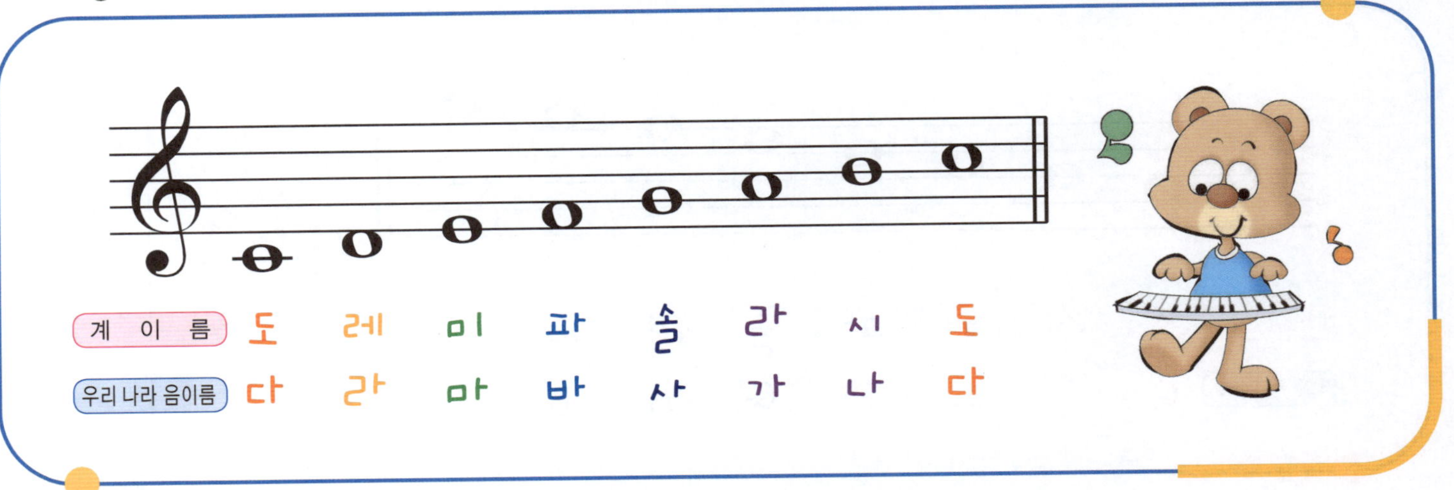


계이름과 우리 나라 음이름을 써 보세요.

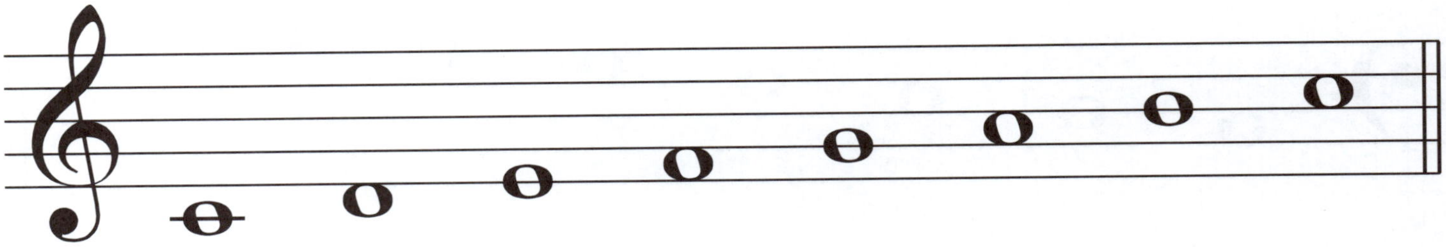

| 계이름 | 도 | 레 | 미 | 파 | 솔 | 라 | 시 | 도 |
|---|---|---|---|---|---|---|---|---|
| 우리나라 음이름 | 다 | 라 | 마 | 바 | 사 | 가 | 나 | 다 |

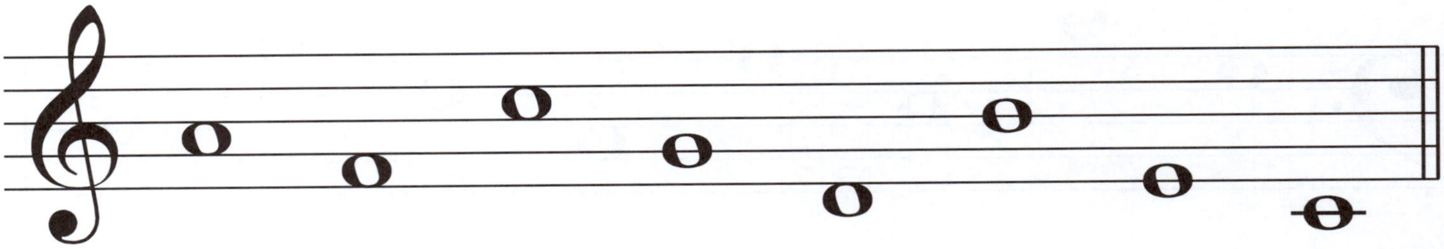

| 계이름 | | | | | | | | |
|---|---|---|---|---|---|---|---|---|
| 우리나라 음이름 | | | | | | | | |

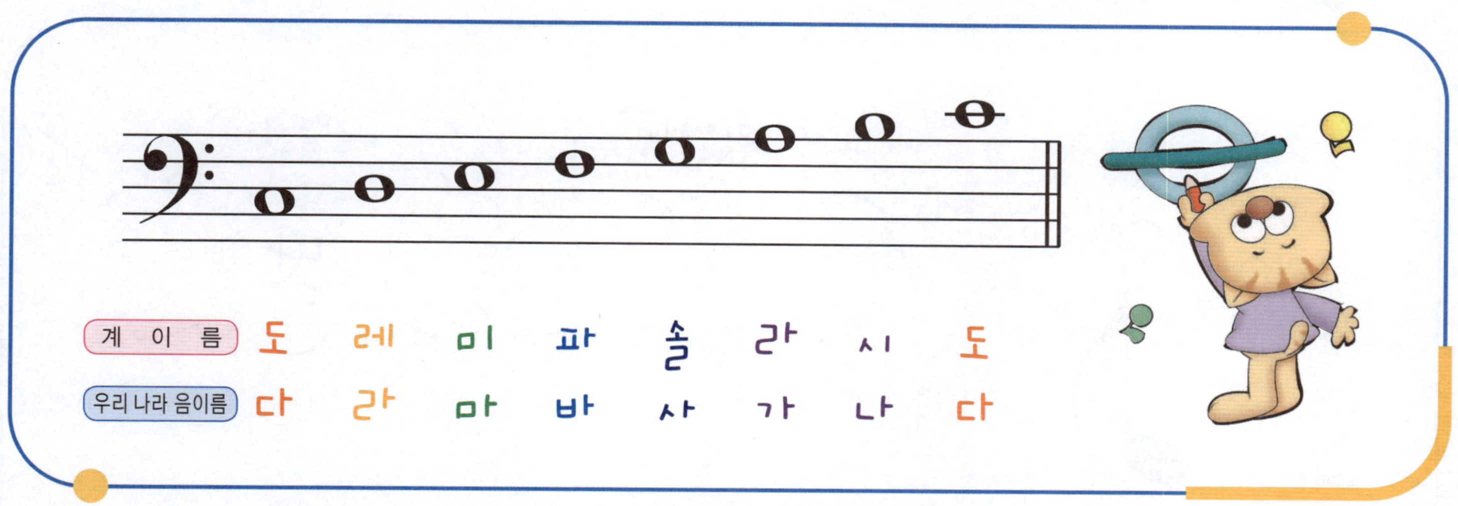


계이름과 우리 나라 음이름을 써 보세요.

 따라서 그리고 써 보세요(∨ = ＼ → ∨).

| 음 표 | 이 름 | 리듬치기 | 리듬읽기 |
|---|---|---|---|
| ♪. | 점8분음표 | ∨ | 땃 |
| ♪. | 점8분음표 | ∨ | 땃 |
| ♪. | 점8분음표 | ∨ | 땃 |
| ♪. | 점8분음표 | ∨ | 땃 |

# 점8분음표 리듬치기와 리듬읽기

● ● ● ·········· 리듬치기 ● 리듬읽기

 점8분음표의 리듬치기와 리듬읽기를 써 보세요.

리듬치기　∨

리듬읽기　딴

 줄에 있는 점8분음표의 리듬치기와 리듬읽기를 써 보세요.

리듬치기　∨

리듬읽기　딴

악보를 보고 리듬치기와 리듬읽기를 써 보세요.

리듬치기　∨　∨　∨ ∕

리듬읽기　딴　딴　딴 띠

 따라서 그리고 써 보세요.

| 쉼 표 | 이 름 | 리듬치기 | 리듬읽기 |
|---|---|---|---|
| ♪. | 점8분쉼표 | ∨ | 웃 |
| ♪. | 점8분쉼표 | ∨ | 웃 |
| ♪. | 점8분쉼표 | ∨ | 웃 |
| ♪. | 점8분쉼표 | ∨ | 웃 |

# 점8분쉼표 리듬치기와 리듬읽기

확인

🍓 점8분쉼표의 리듬치기와 리듬읽기를 써 보세요.

리듬치기

리듬읽기  웃

🫐 칸에 있는 점8분쉼표의 리듬치기와 리듬읽기를 써 보세요.

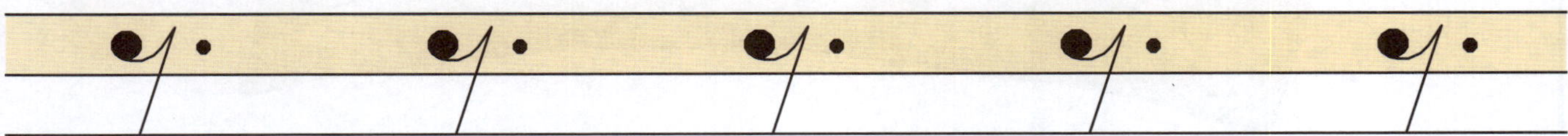

리듬치기

리듬읽기  웃

🍎 악보를 보고 리듬치기와 리듬읽기를 써 보세요(♪ = ɤ·).

리듬치기  ∨  ∨  ∨ ∨∨

리듬읽기  딴  땃 띠 웃 띠

part. 05

# 점8분음표 연결하기

월 일

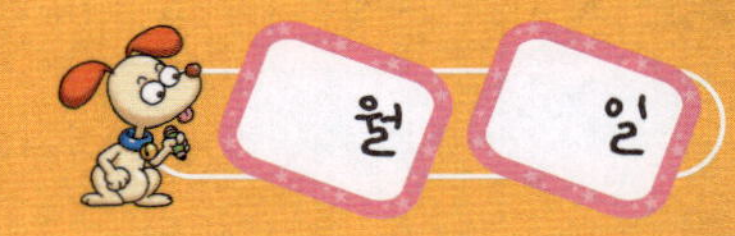

점8분음표 다음에 16분음표가 있을 때
꼬리를 대로 묶기도 합니다.
점8분음표 16분음표
대

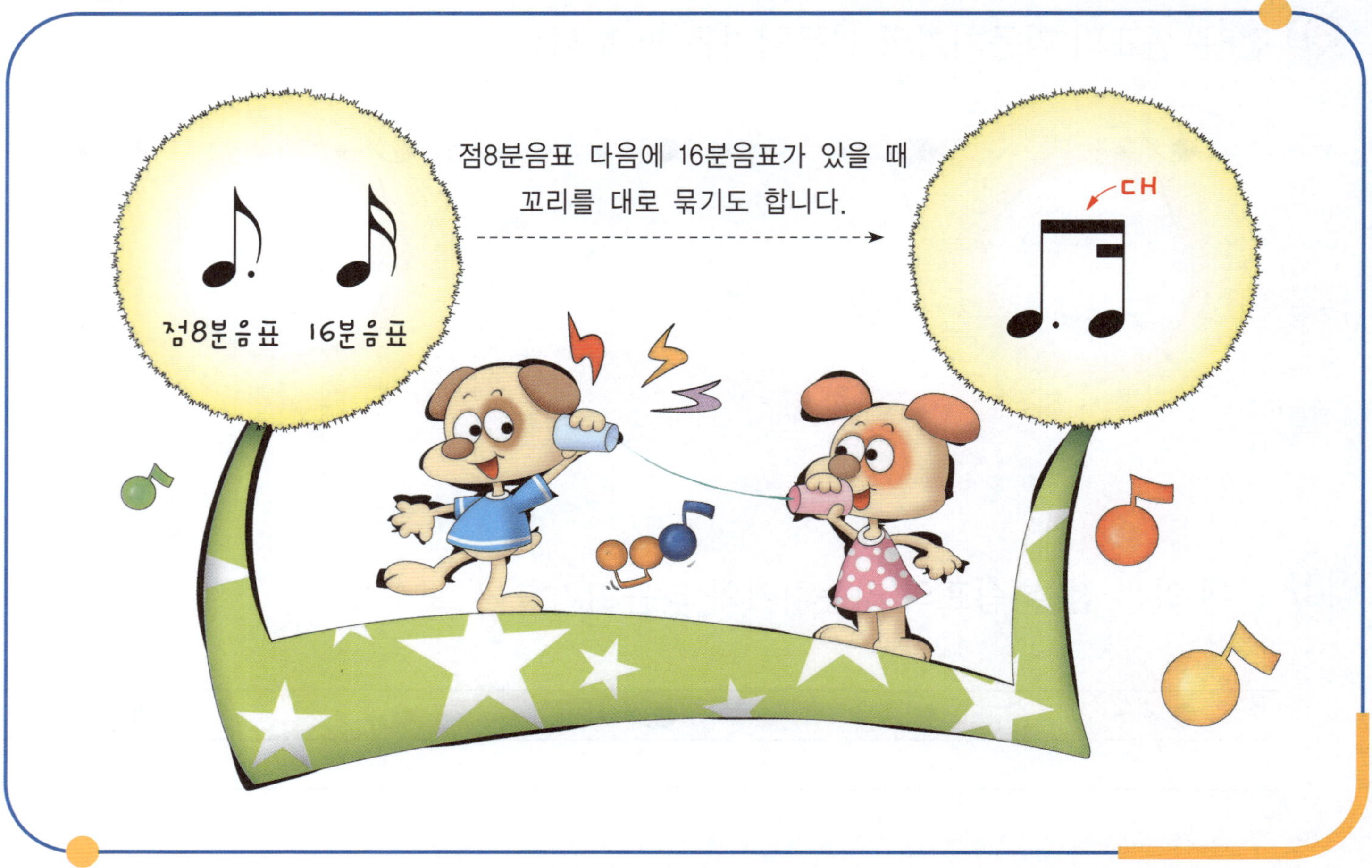

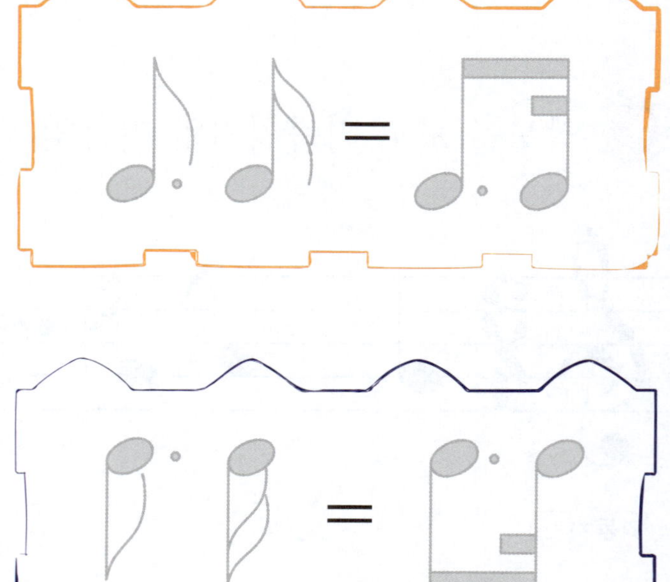

따라서 그려 보세요.

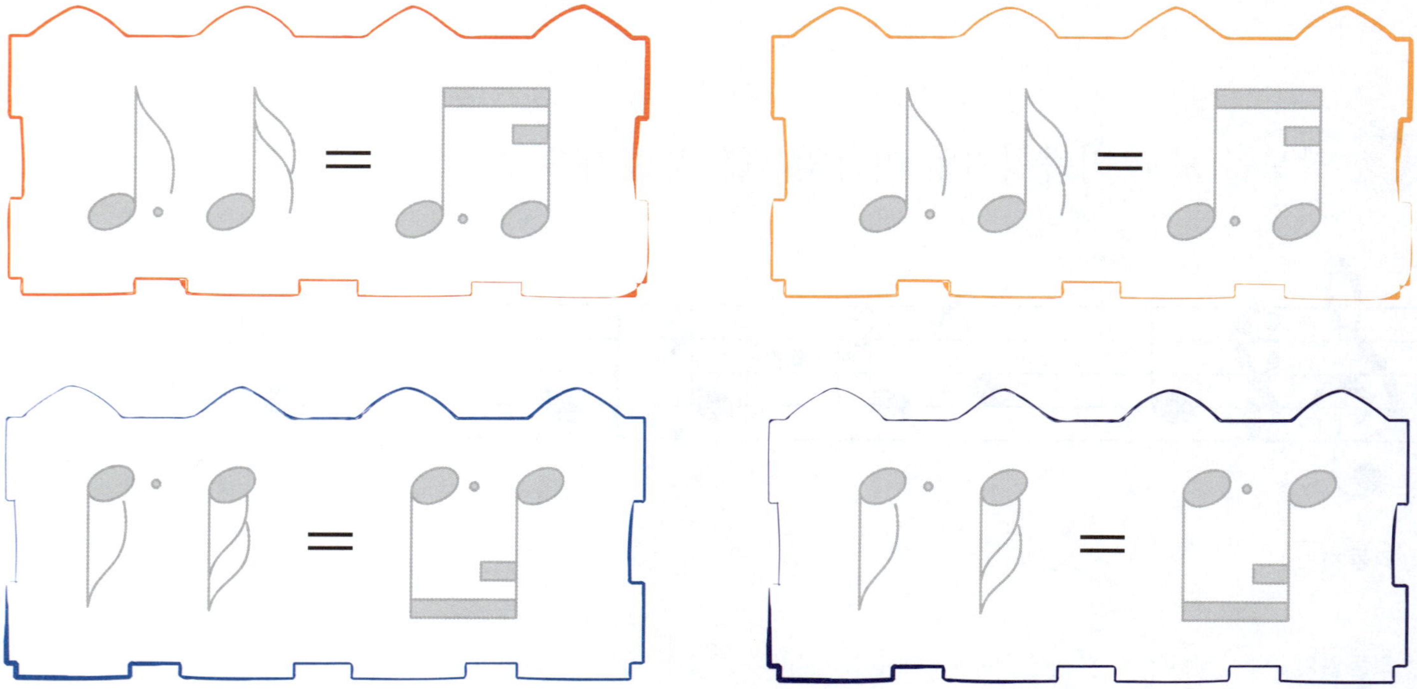

점8분음표와 16분음표가 반복될 때도
꼬리를 대로 묶기도 합니다.

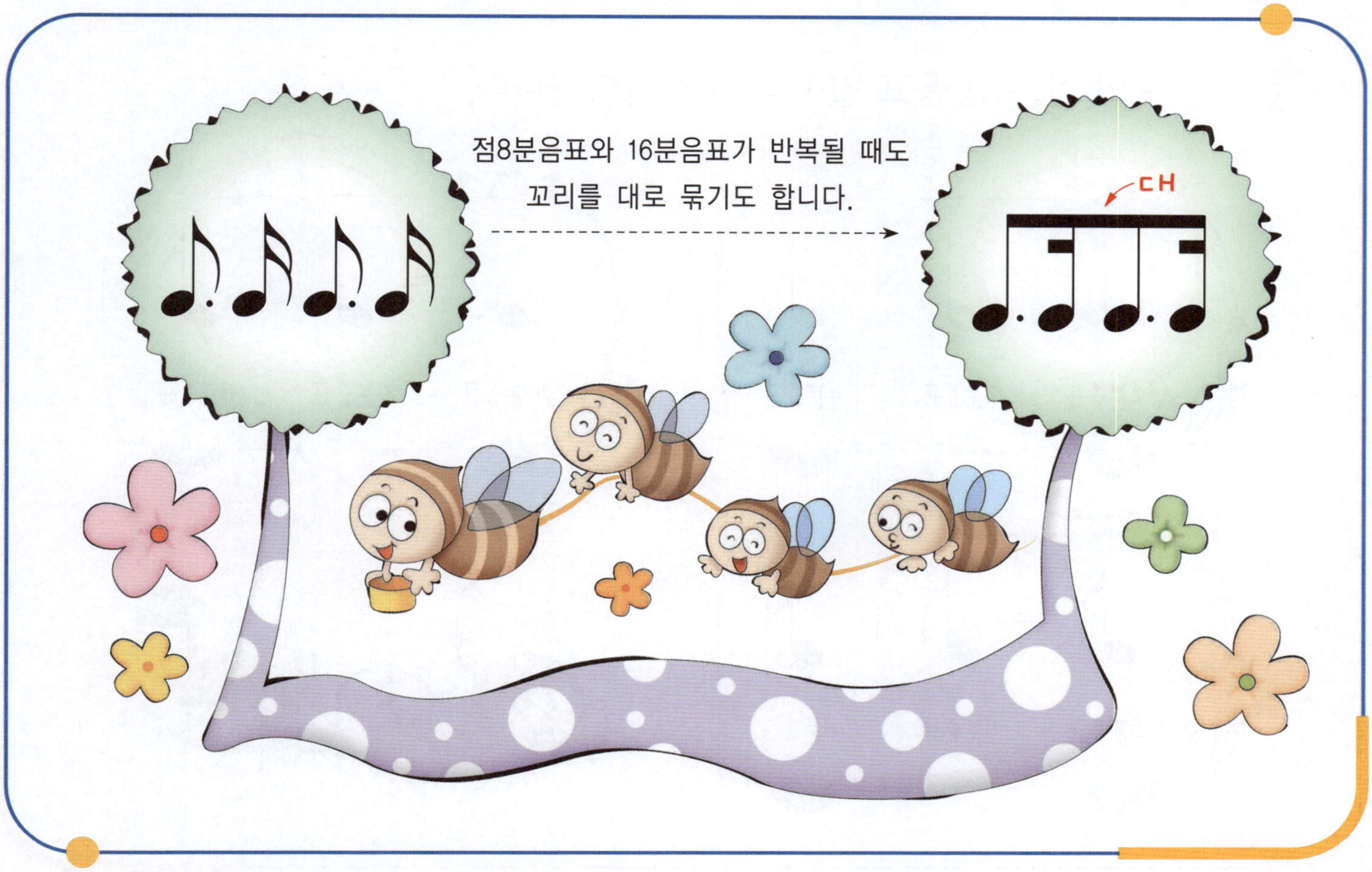

따라서 그려 보세요.

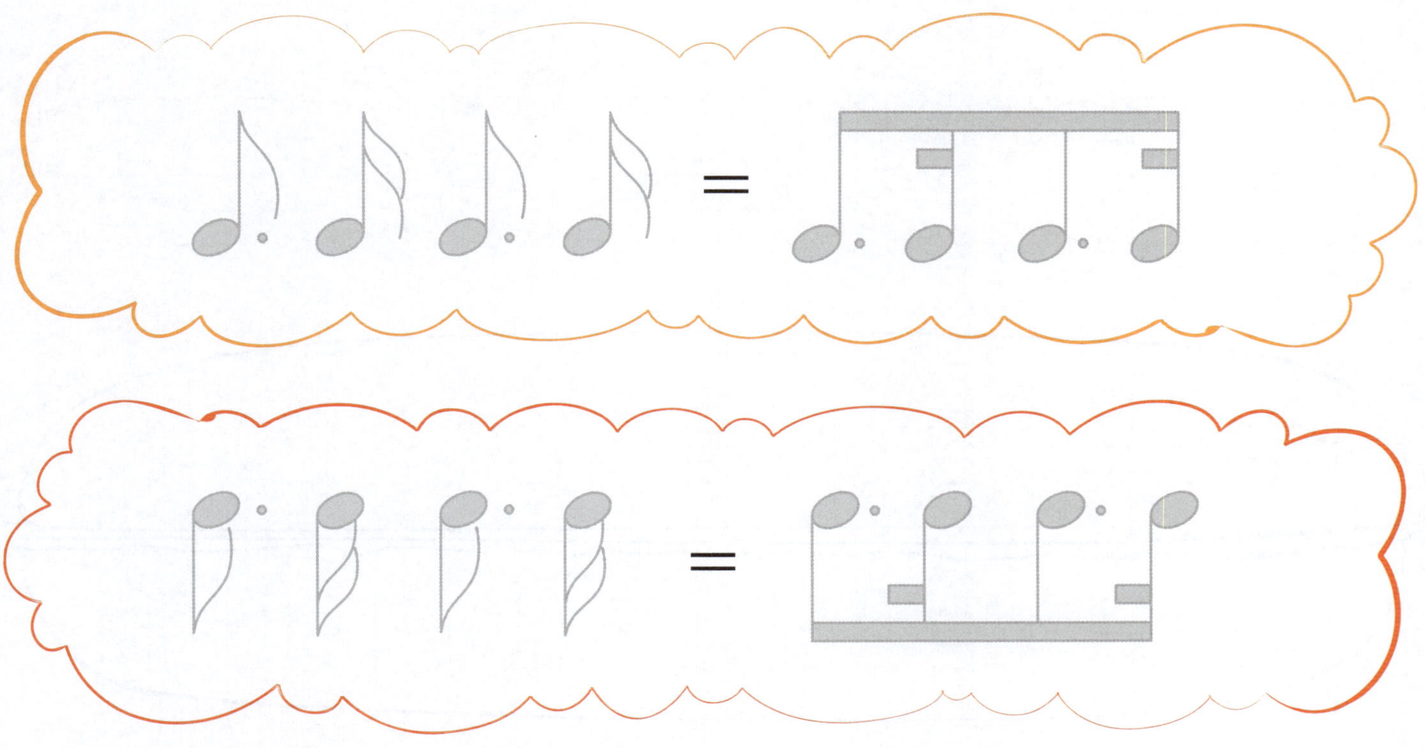

 **점음표**의 점은 앞 음표 길이의 반을 나타냅니다.

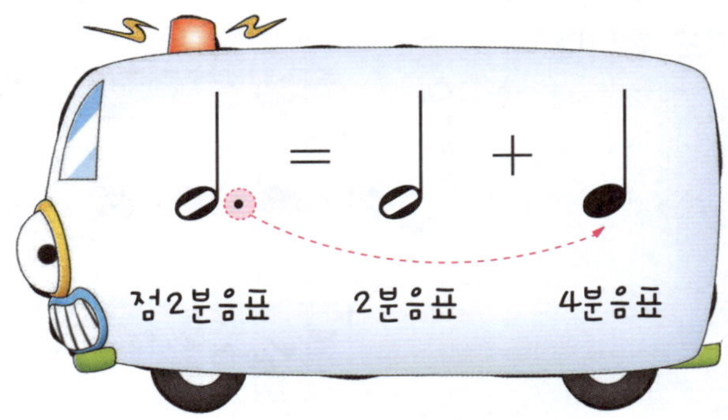


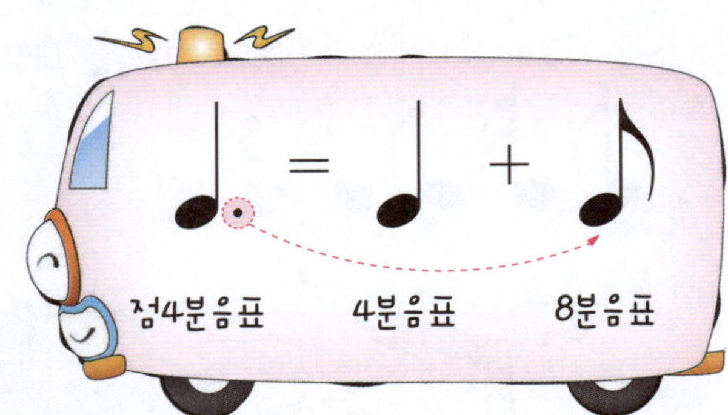


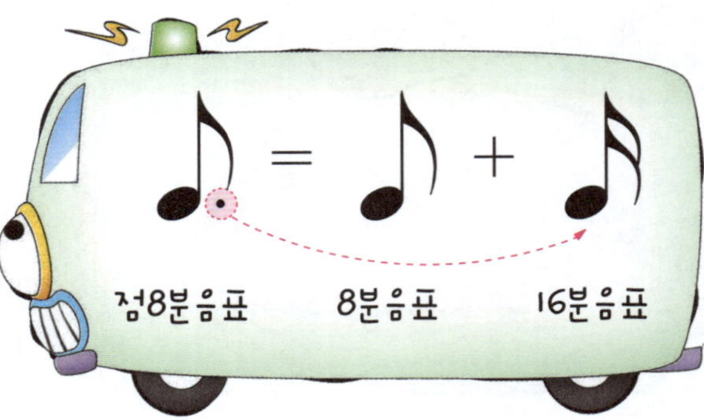

 따라서 써 보세요.

점음표의 점은 앞 음표 길이의 반이다

점음표의 점은 앞 음표 길이의 반이다

# 점음표의 점

 음표를 따라서 그려 보세요.

□ 안에 알맞은 음표를 그려 보세요.

 **점쉼표**의 점은 앞 쉼표 길이의 반을 나타냅니다.

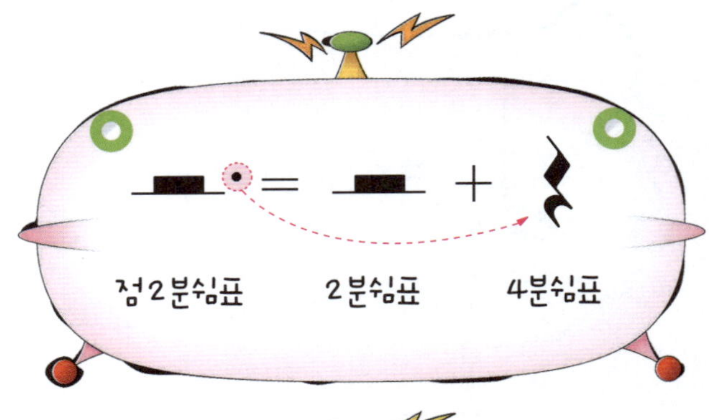


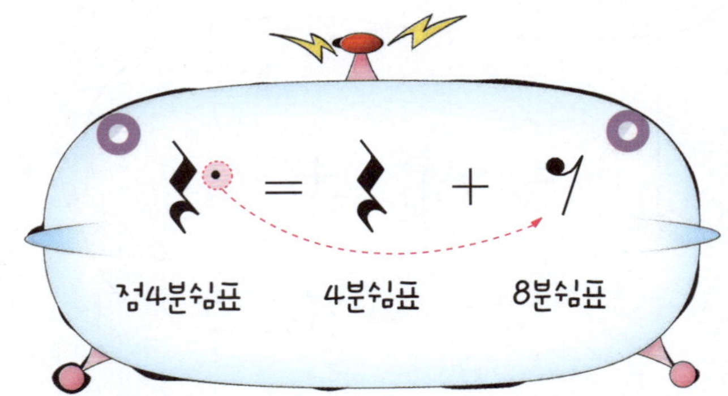


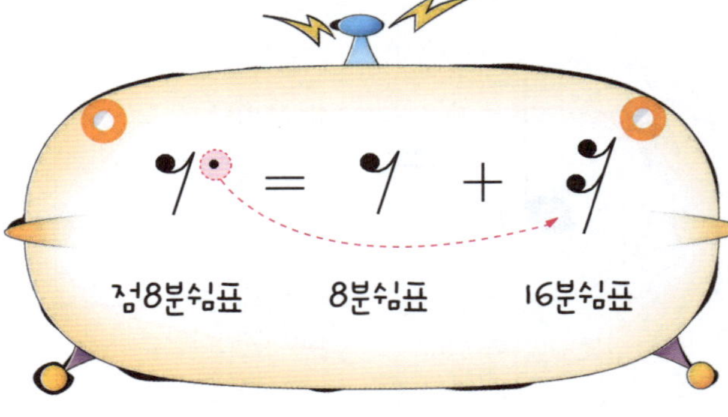

 따라서 써 보세요.

점쉼표의 점은 앞 쉼표 길이의 반이다

점쉼표의 점은 앞 쉼표 길이의 반이다

 쉼표를 따라서 그려 보세요.

안에 알맞은 쉼표를 그려 보세요.

색칠한 두 건반이 몇 도인지 써 보세요.

 두 음을 건반에 색칠하고 몇 도인지 써 보세요.

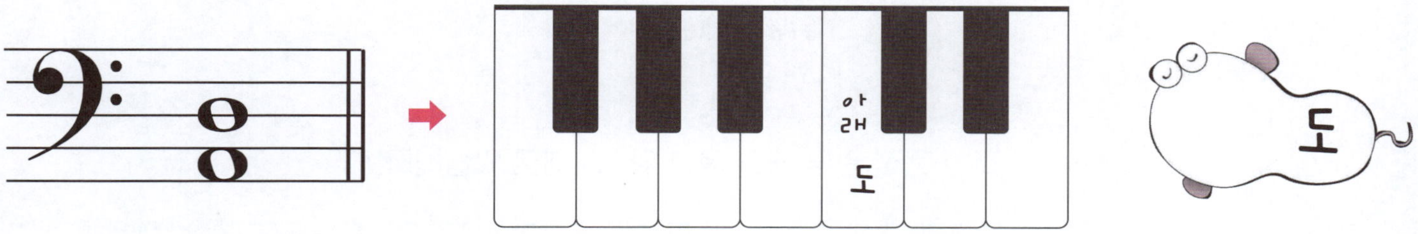

음정이 함께 울리면 화성 음정이라고 합니다.

화성 음정은 두 개의 음이 위 · 아래로 있습니다.

따라서 써 보세요.

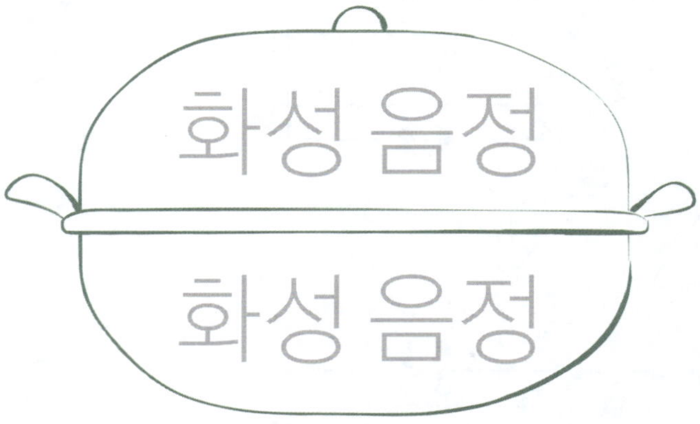


음정이 함께 울리면 화성 음정이다

음정이 함께 울리면 화성 음정이다

# 화성 음정

다음 화성 음정이 몇 도인지 써 보세요.

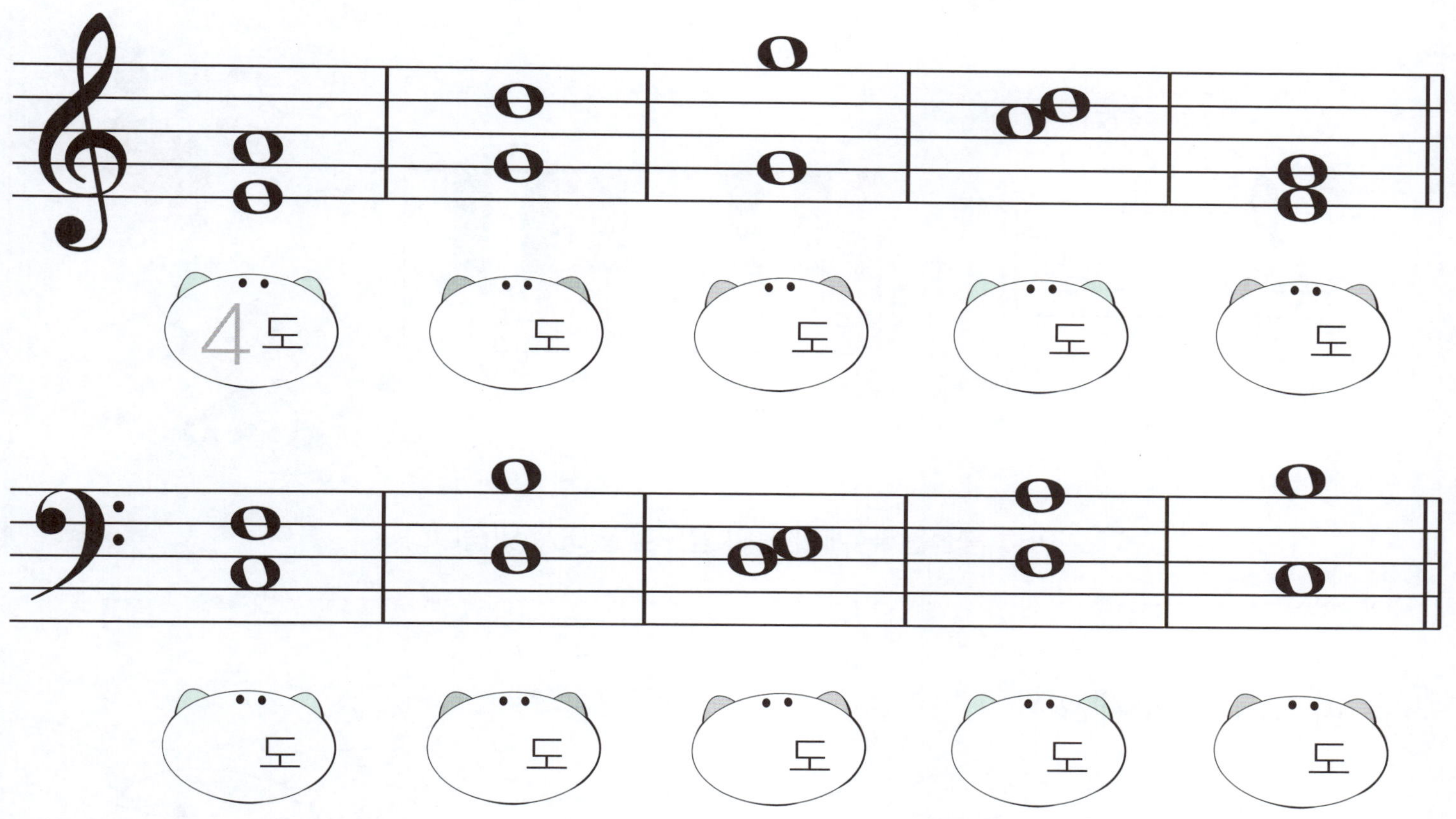


알맞은 음을 화성 음정으로 그려 보세요.

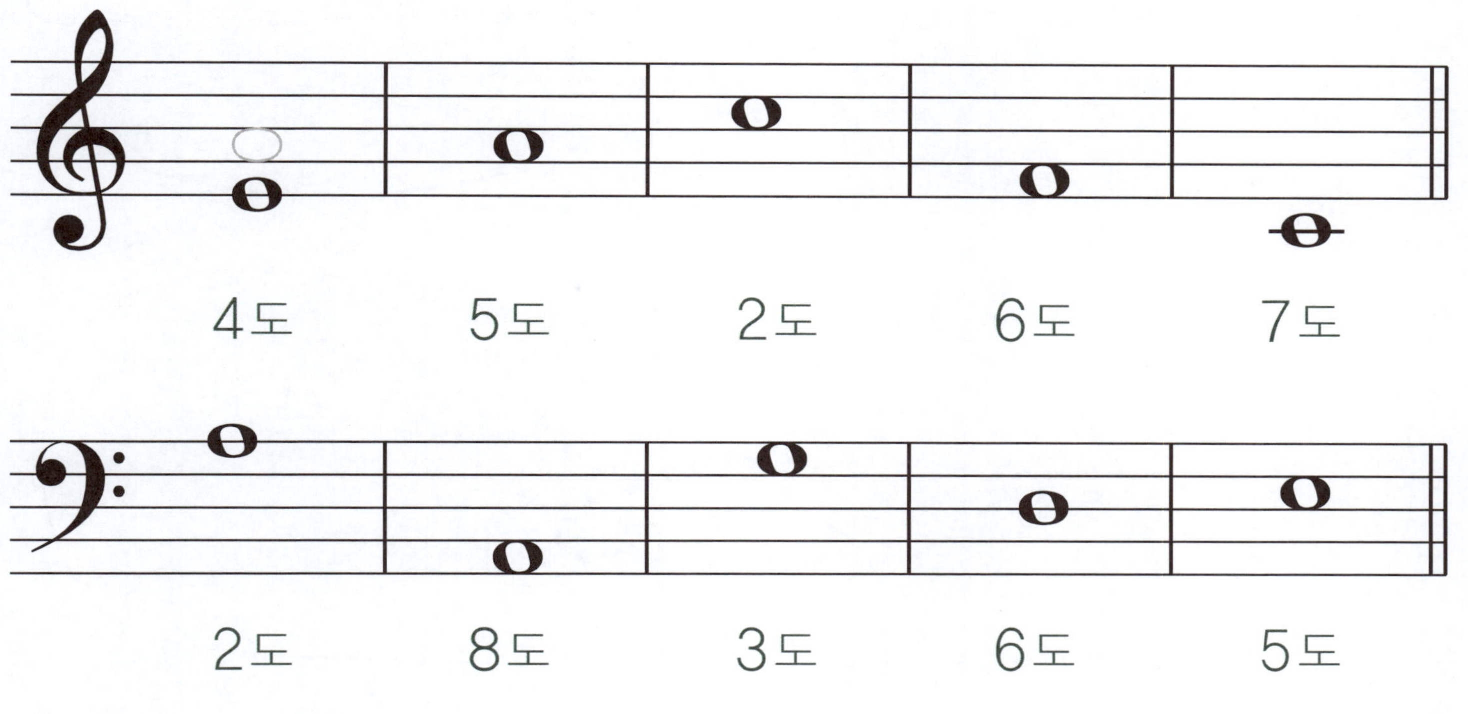

 음정이 따로 울리는 것을 **가락 음정**이라고 합니다.

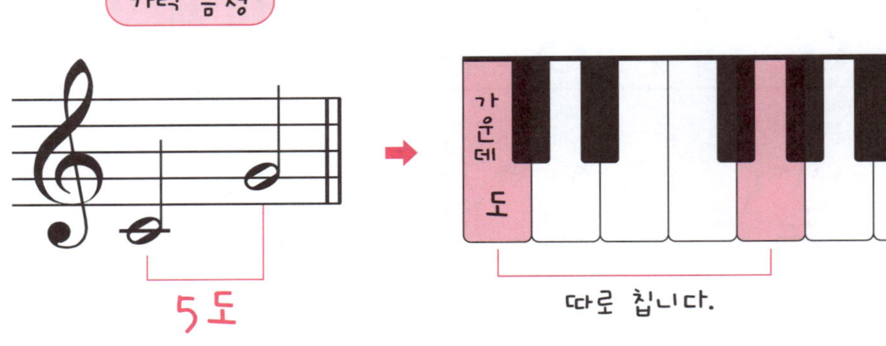


**가락 음정**은 두 개의 음이 옆으로 떨어져 있습니다.

 따라서 써 보세요.

가락 음정     가락 음정

가락 음정     가락 음정

음정이 따로 울리면 가락 음정이다

음정이 따로 울리면 가락 음정이다

# 가락 음정

 다음 가락 음정이 몇 도인지 써 보세요.

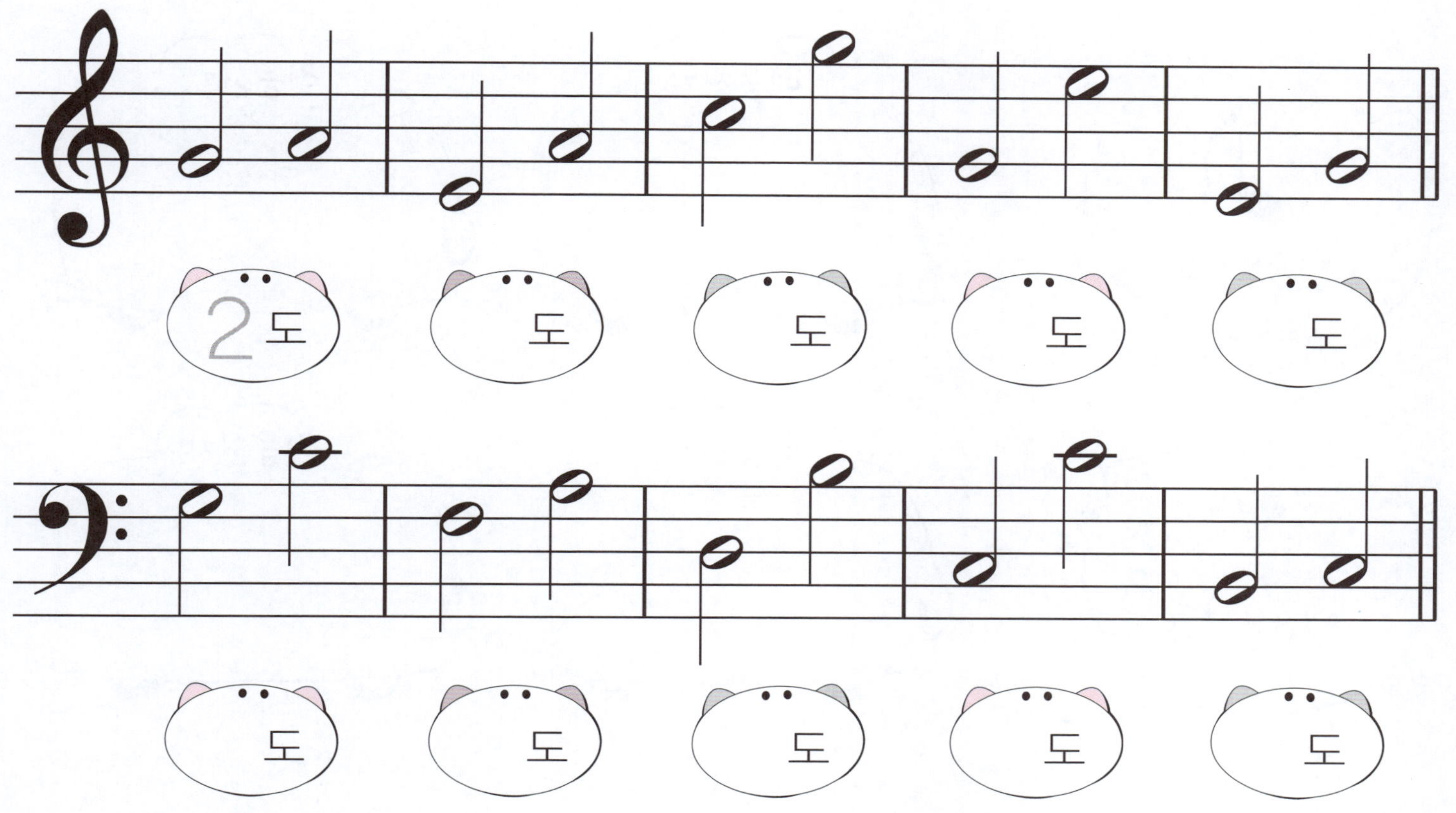


알맞은 음을 가락 음정으로 그려 보세요.

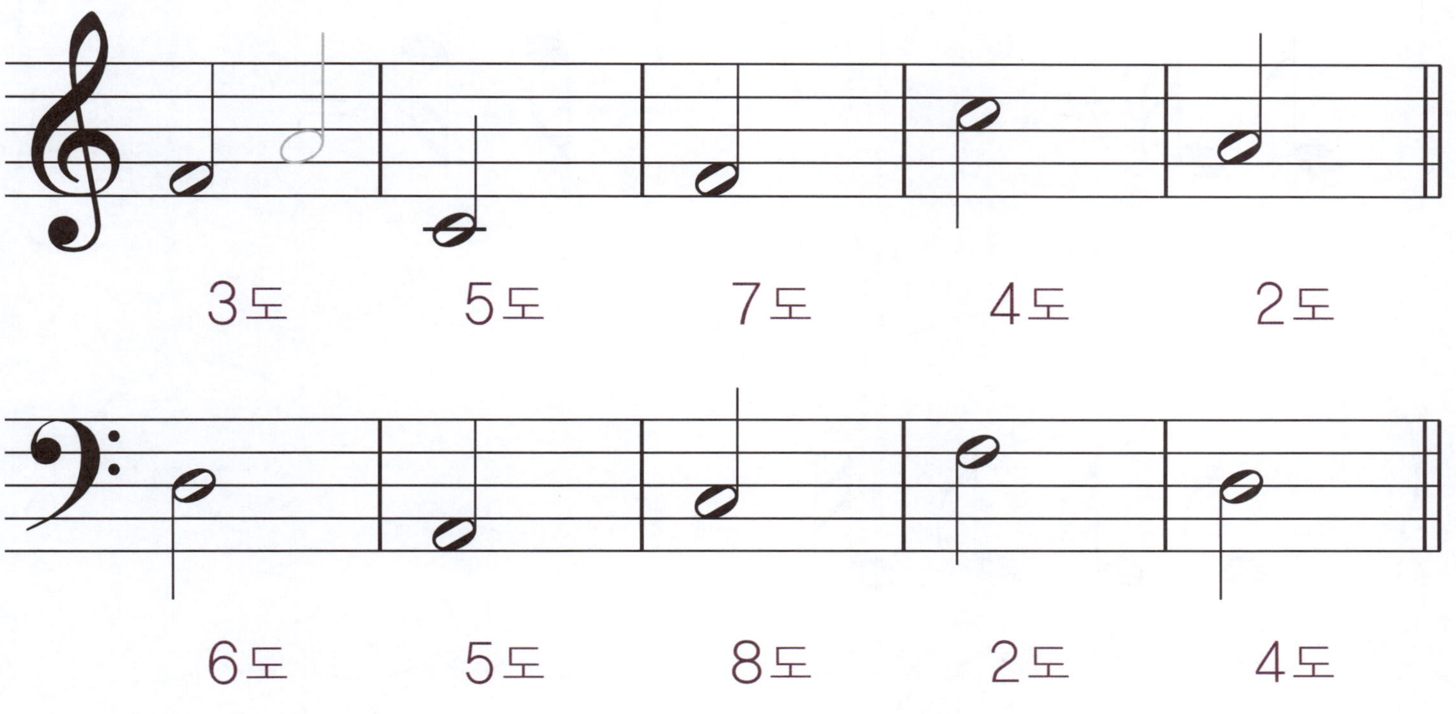

리듬치기와 리듬읽기를 써 보세요.

꼬리를 대로 묶어 그려 보세요.

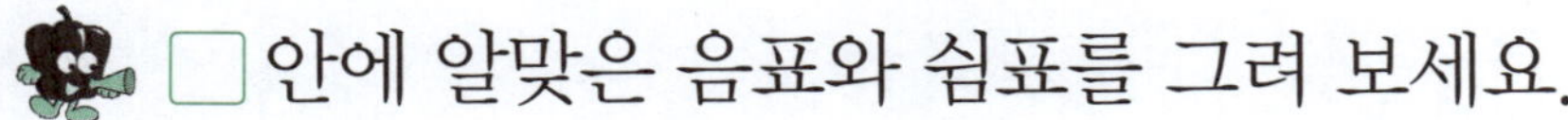 안에 알맞은 음표와 쉼표를 그려 보세요.

다음 화성 음정과 가락음정이 몇 도인지 써 보세요.

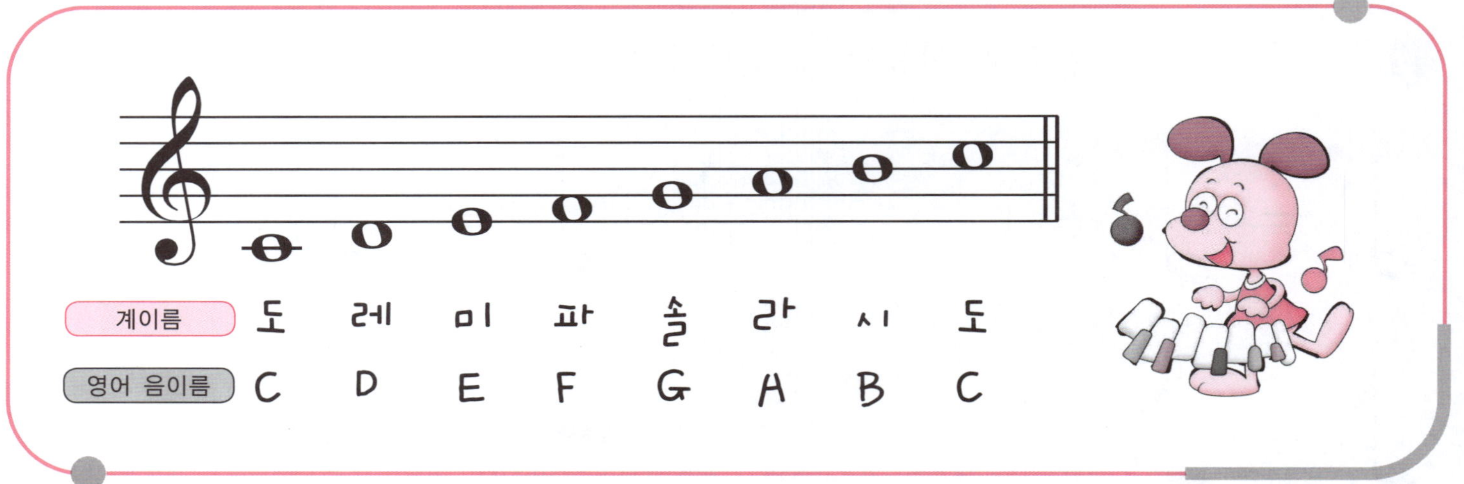



계이름과 영어 음이름을 써 보세요.

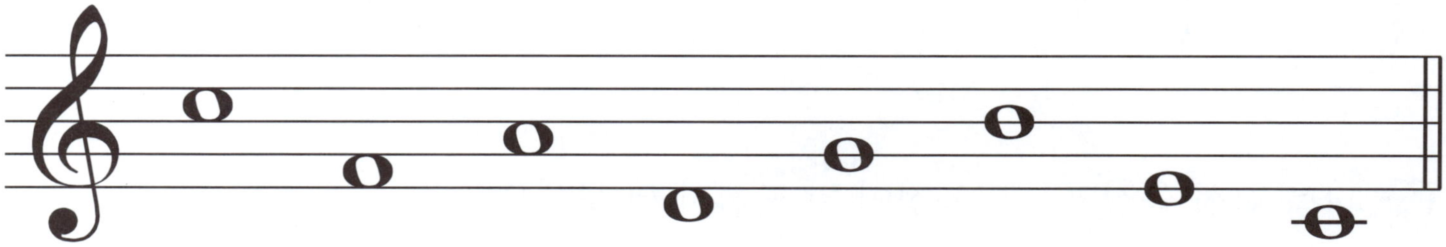

| 계이름 | | | | | | | | |
|---|---|---|---|---|---|---|---|---|
| 영어 음이름 | | | | | | | | |

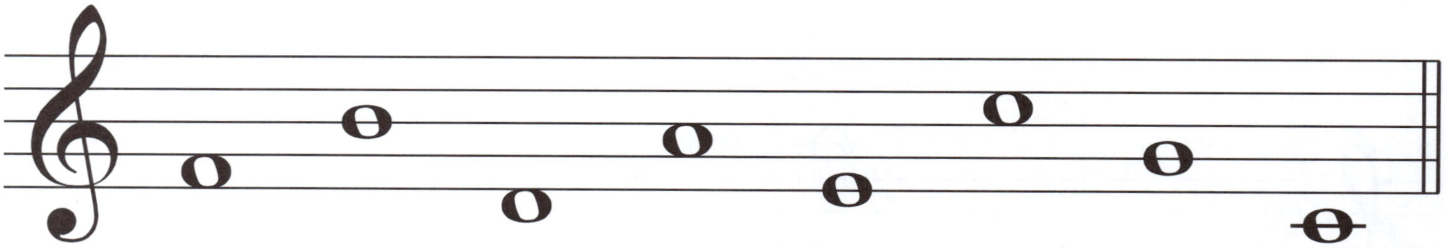

| 계이름 | | | | | | | | |
|---|---|---|---|---|---|---|---|---|
| 영어 음이름 | | | | | | | | |

# 계이름과 영어 음이름 2

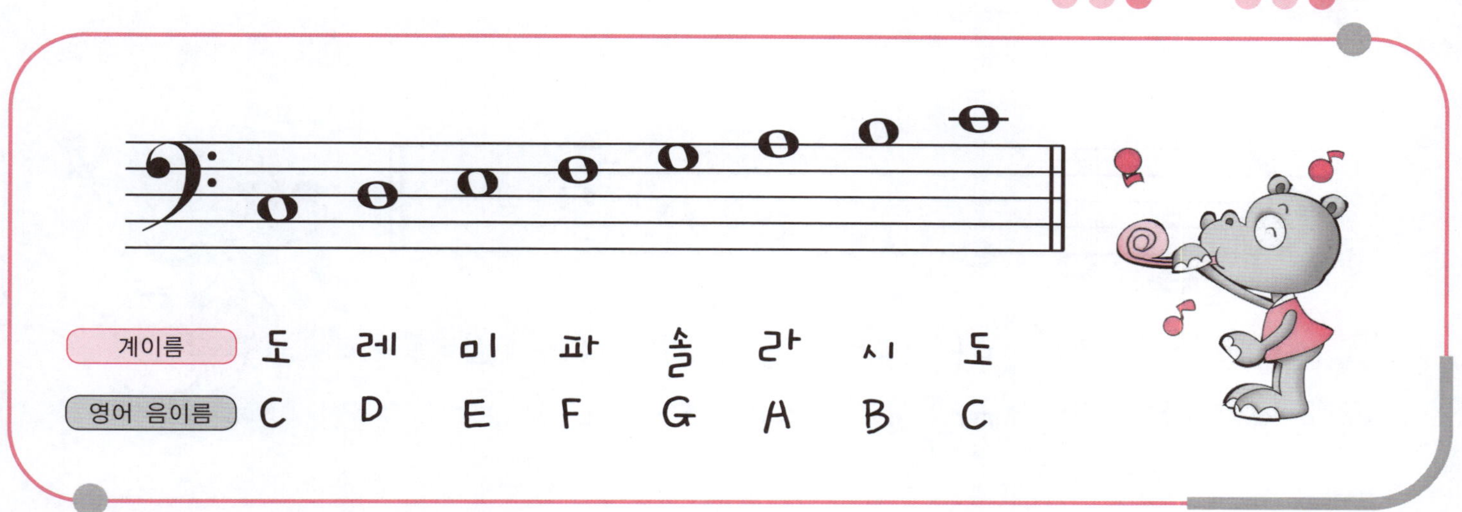



계이름과 영어 음이름을 써 보세요.

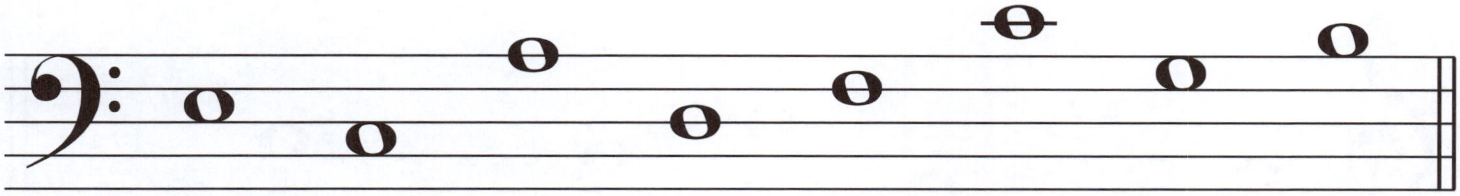

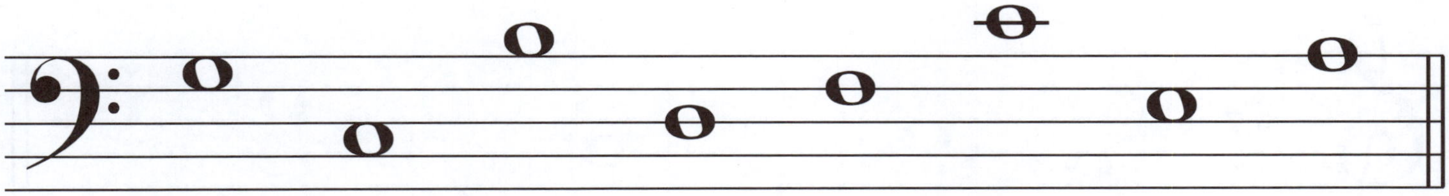

# Part. 12 계이름과 우리 나라 음이름 2

월 일

| | | | | | | | | |
|---|---|---|---|---|---|---|---|---|
| 계이름 | 도 | 레 | 미 | 파 | 솔 | 라 | 시 | 도 |
| 우리 나라 음이름 | 다 | 라 | 마 | 바 | 사 | 가 | 나 | 다 |

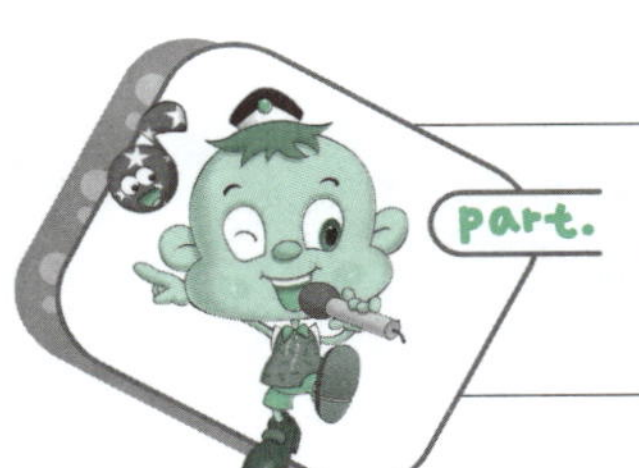

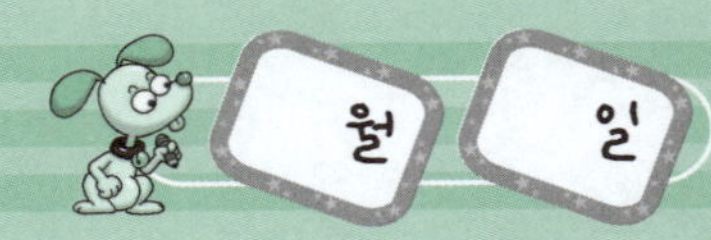

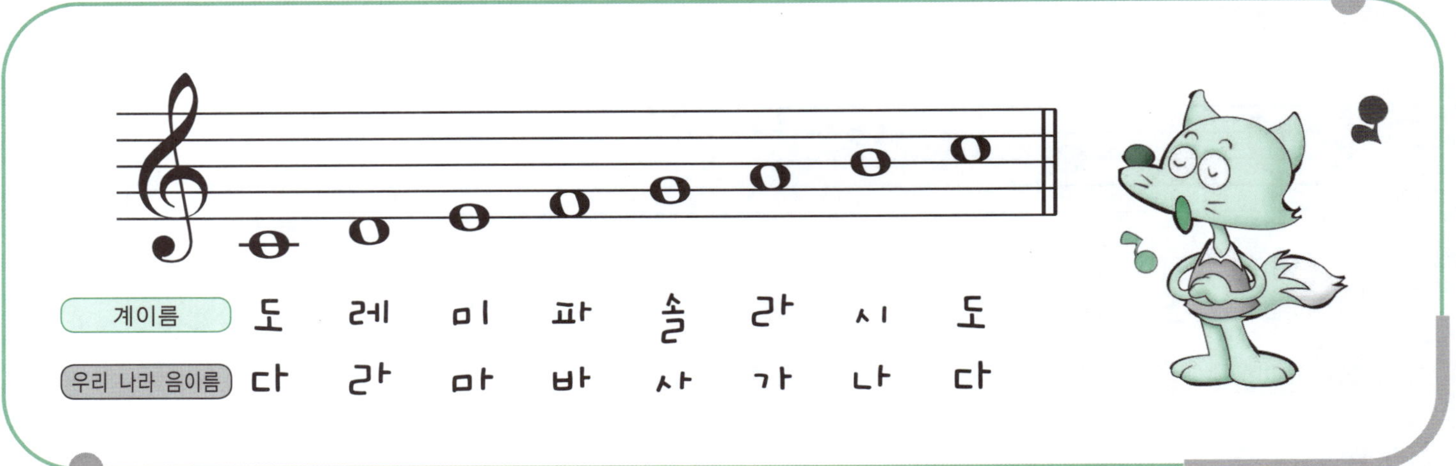

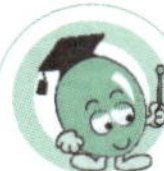

계이름과 우리 나라 음이름을 써 보세요.

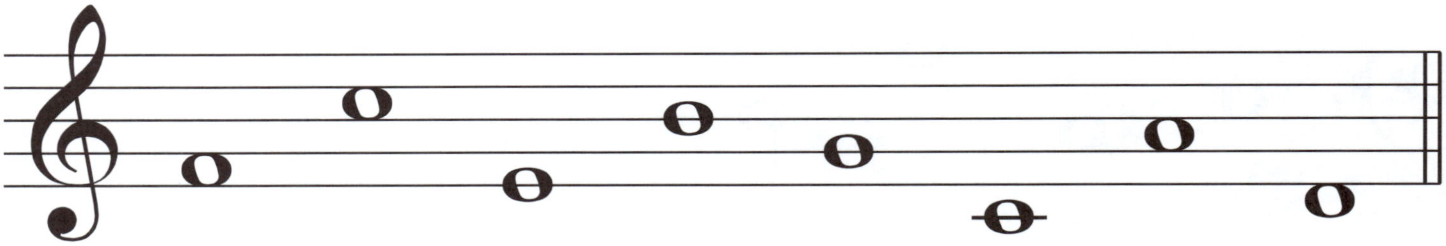

계이름

우리나라 음이름

계이름

우리나라 음이름

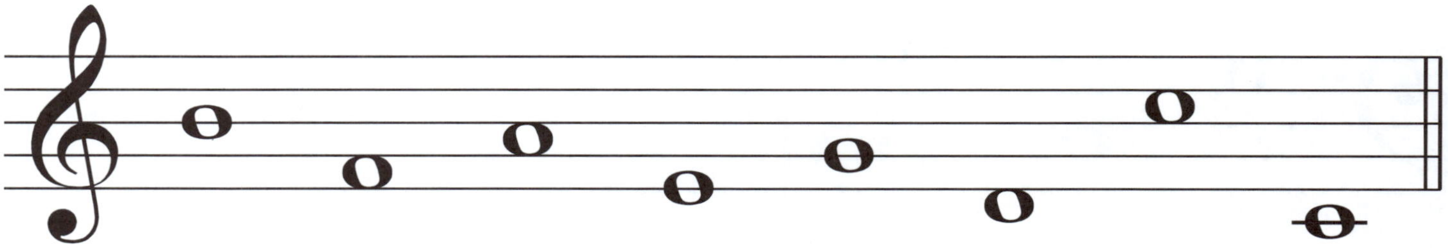

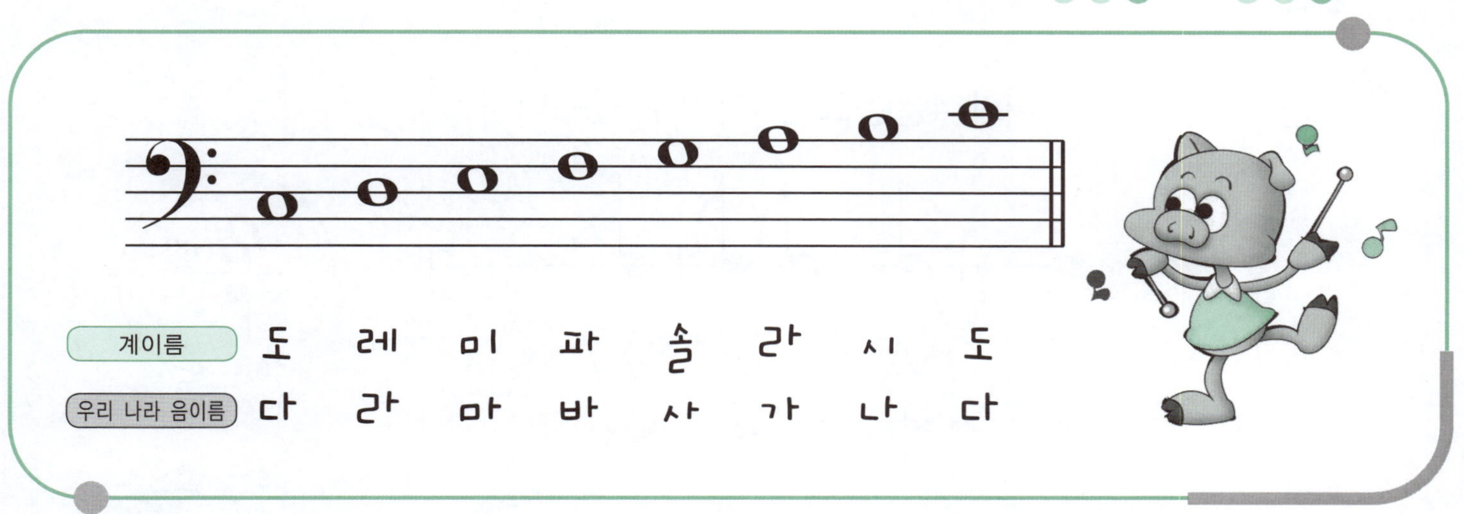


계이름과 우리 나라 음이름을 써 보세요.

# $\frac{2}{4}$박자 리듬치기와 리듬읽기

$\frac{2}{4}$박자는 한 마디에 4분음표(♩)가 2개 있습니다.

리듬치기와 리듬읽기를 따라서 써 보세요.

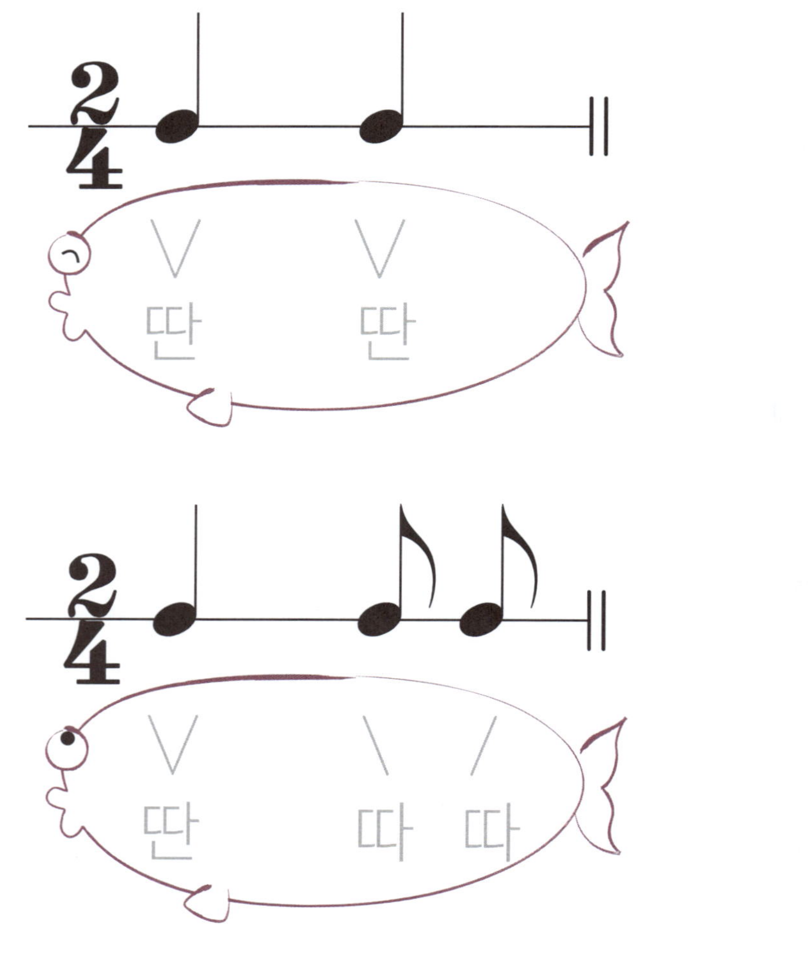


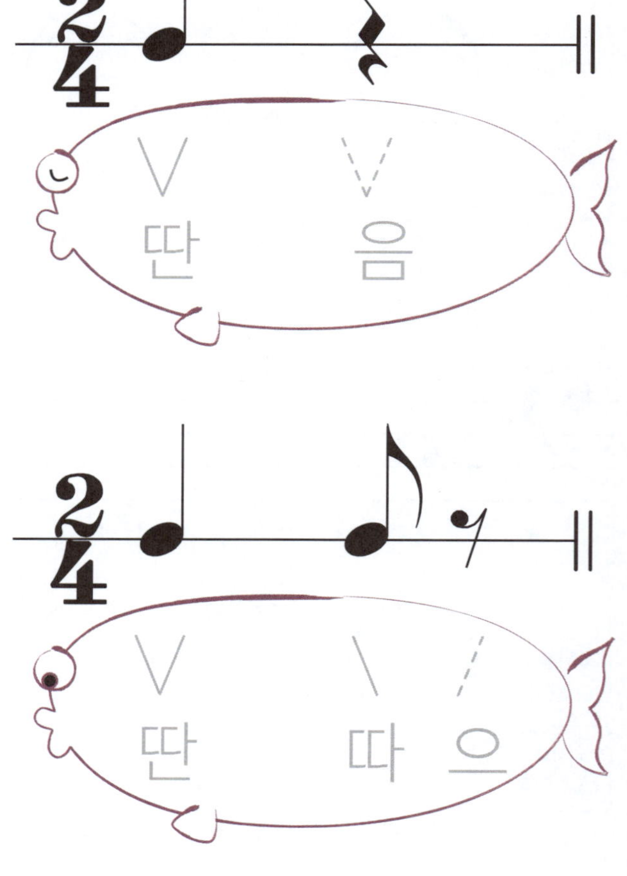

# $\frac{2}{4}$박자 리듬치기와 리듬읽기

 $\frac{2}{4}$박자의 리듬치기와 리듬읽기를 써 보세요.

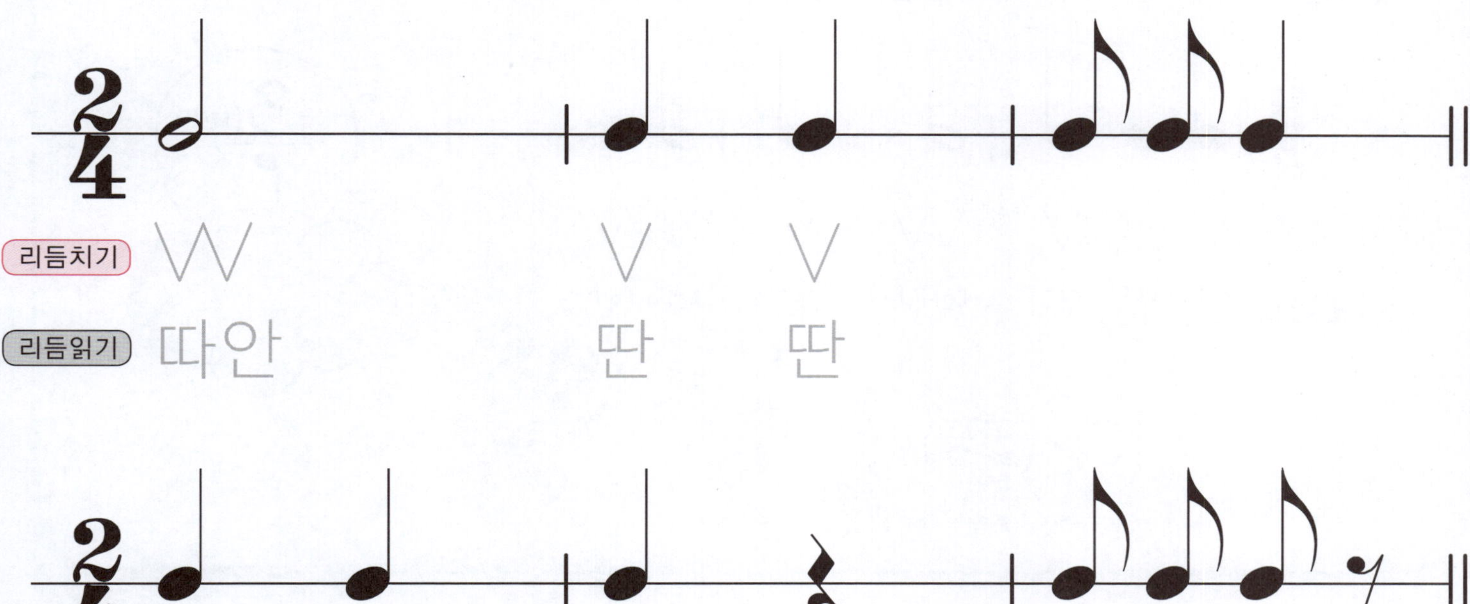

 $\frac{2}{4}$박자에 맞게 마디를 그리고 리듬치기를 써 보세요.

# $\frac{3}{4}$박자 리듬치기와 리듬읽기

월 일

$\frac{3}{4}$ 박자는 한 마디에 4분음표(♩)가 3개 있습니다.

리듬치기
V V V W V VW
리듬읽기
딴 딴 딴 따안 딴 따아안

3(개)

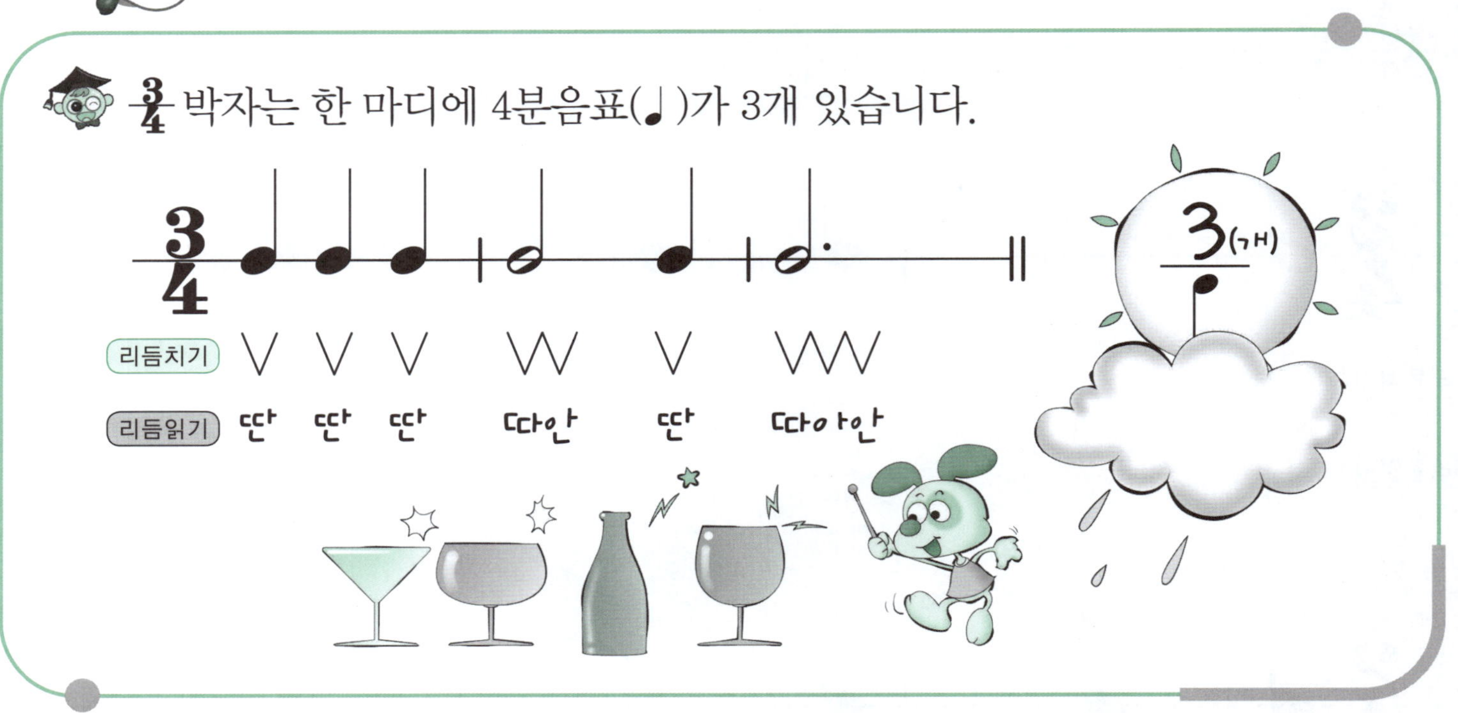

리듬치기와 리듬읽기를 따라서 써 보세요.

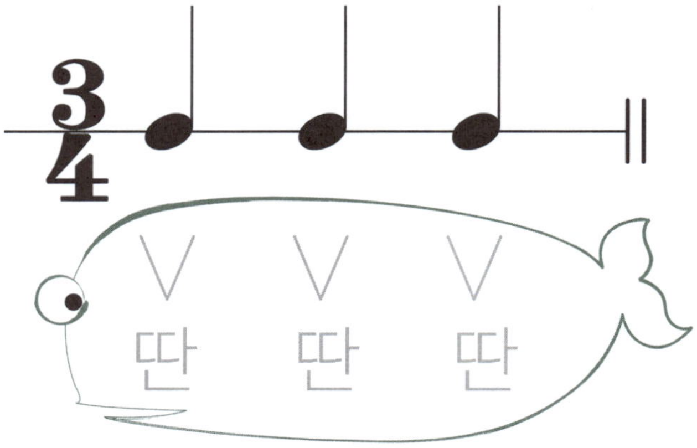
V V V
딴 딴 딴

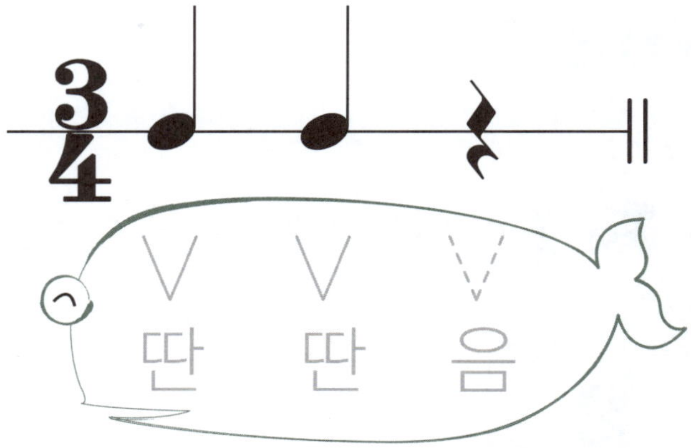
V V V
딴 딴 음

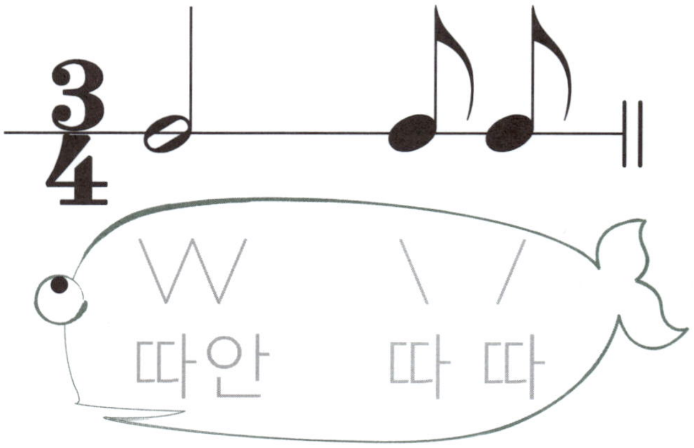
W \ /
따안 따 따

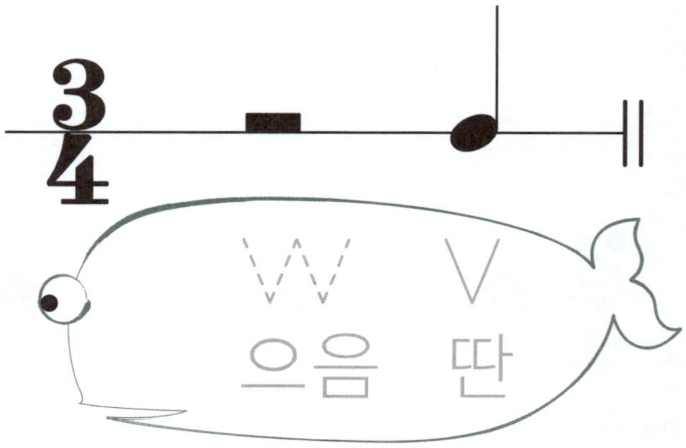
W V
으음 딴

# $\frac{3}{4}$박자 리듬치기와 리듬읽기

$\frac{3}{4}$ 박자의 리듬치기와 리듬읽기를 써 보세요.

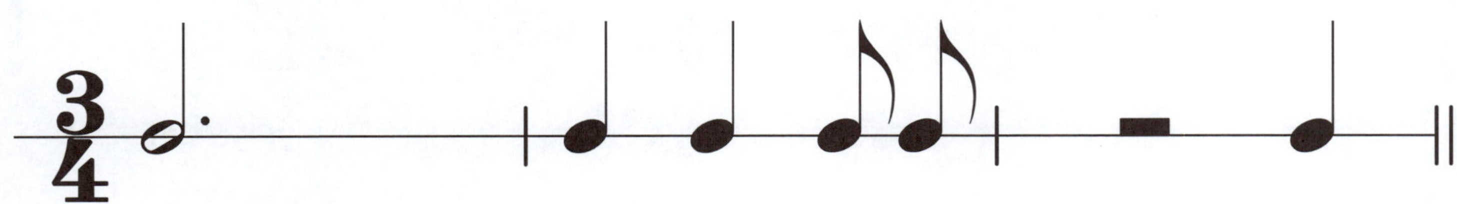

$\frac{3}{4}$ 박자에 맞게 마디를 그리고 리듬치기를 써 보세요.

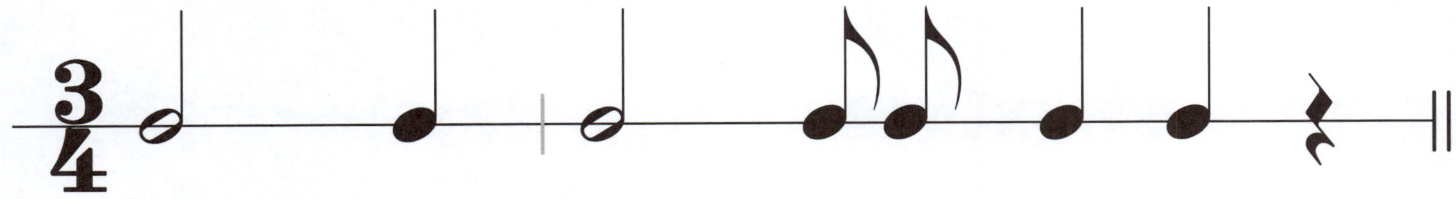

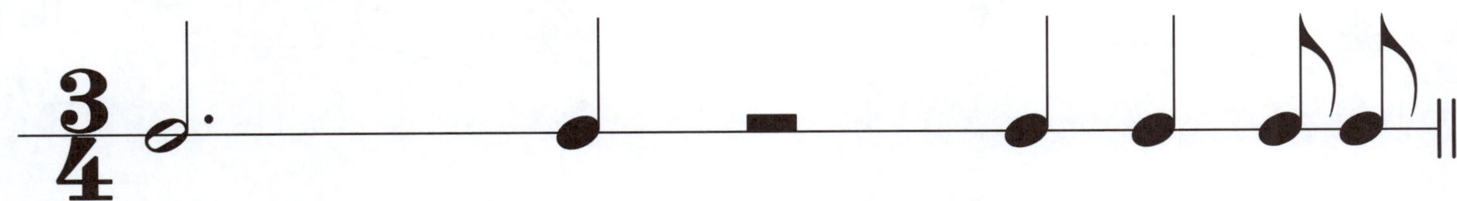

# $\frac{4}{4}$ 박자 리듬치기와 리듬읽기

$\frac{4}{4}$ 박자는 한 마디에 4분음표(♩)가 4개 있습니다.

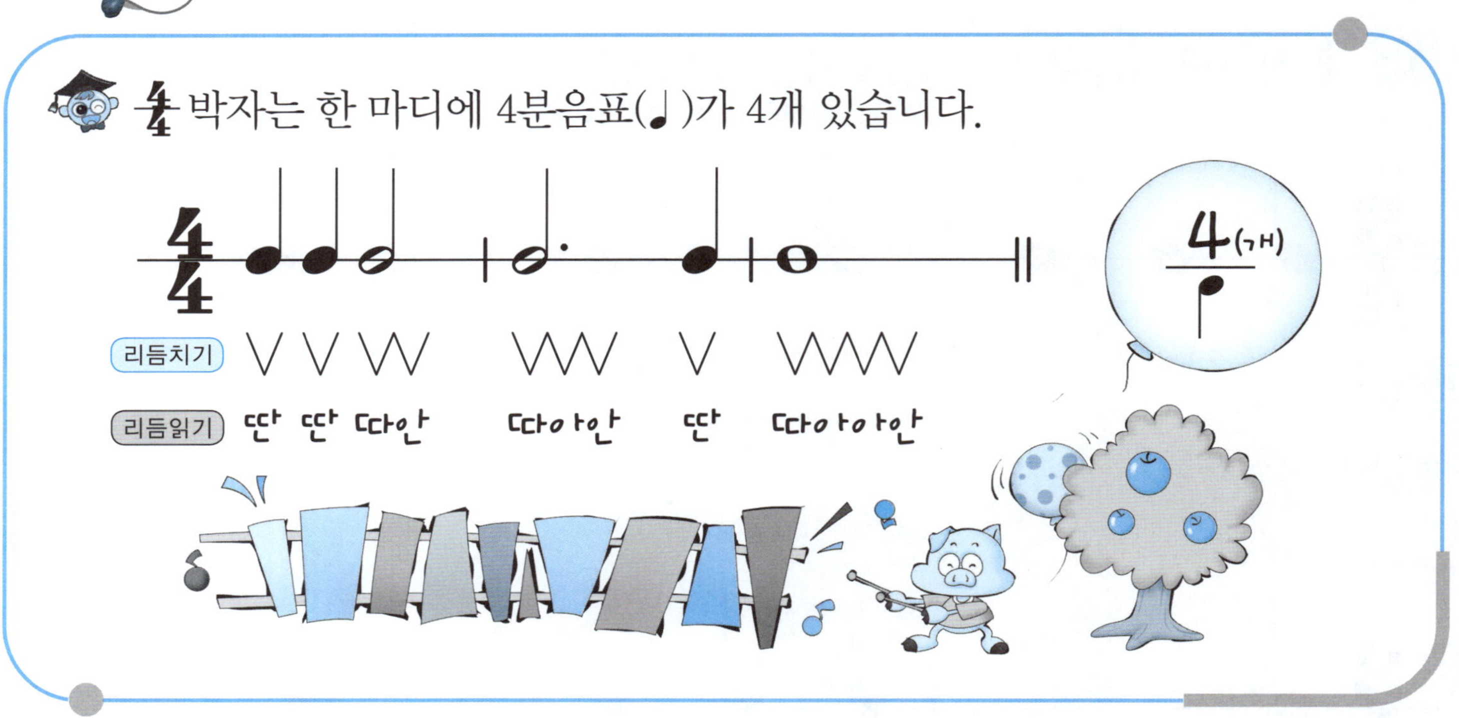


리듬치기와 리듬읽기를 따라서 써 보세요.

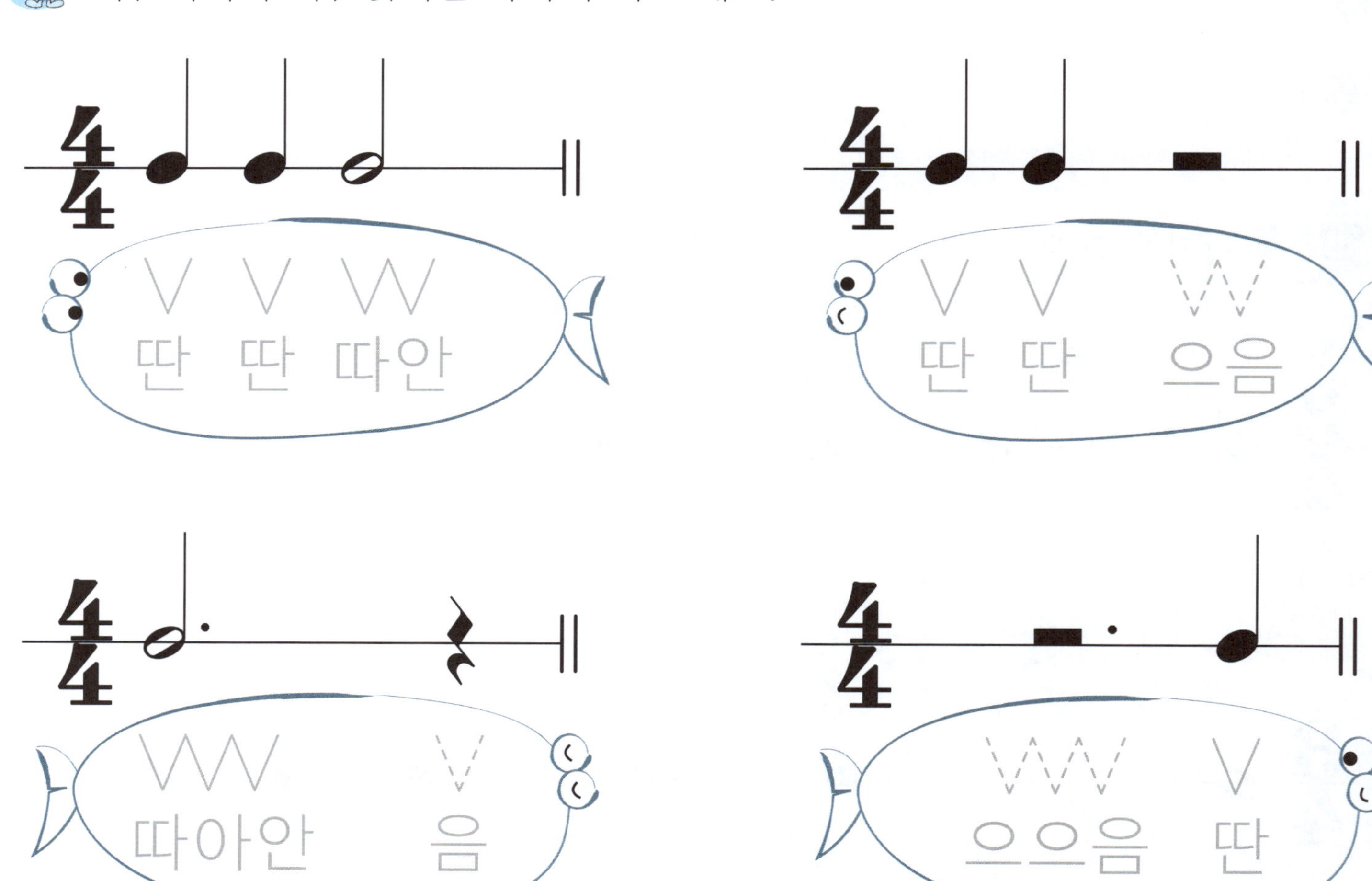

# $\frac{4}{4}$박자 리듬치기와 리듬읽기

 $\frac{4}{4}$박자의 리듬치기와 리듬읽기를 써 보세요.

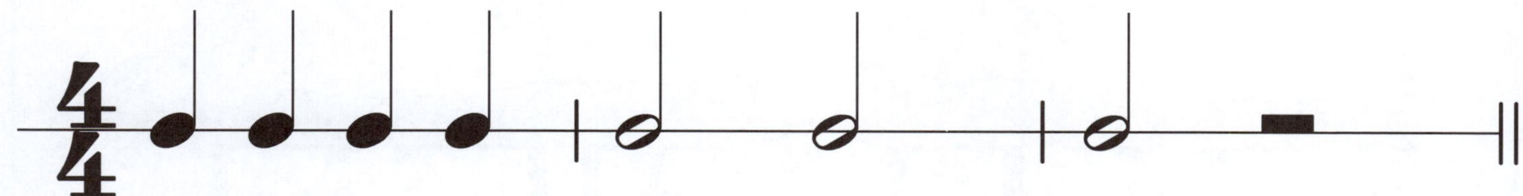


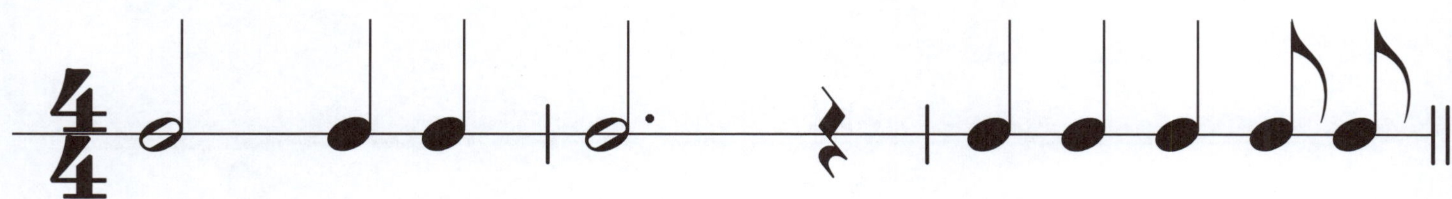


$\frac{4}{4}$박자에 맞게 마디를 그리고 리듬치기를 써 보세요.

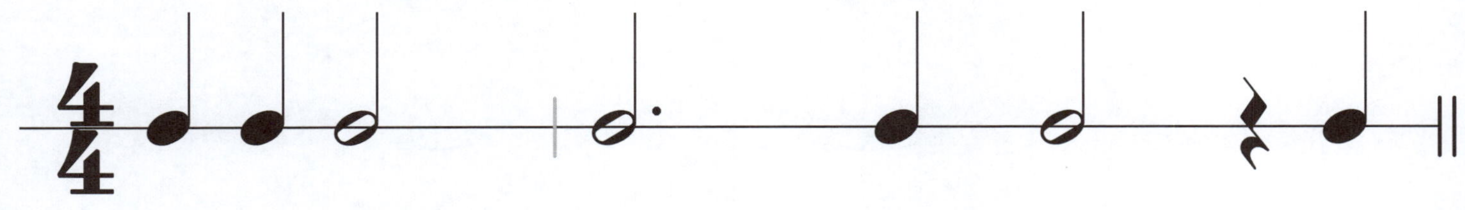


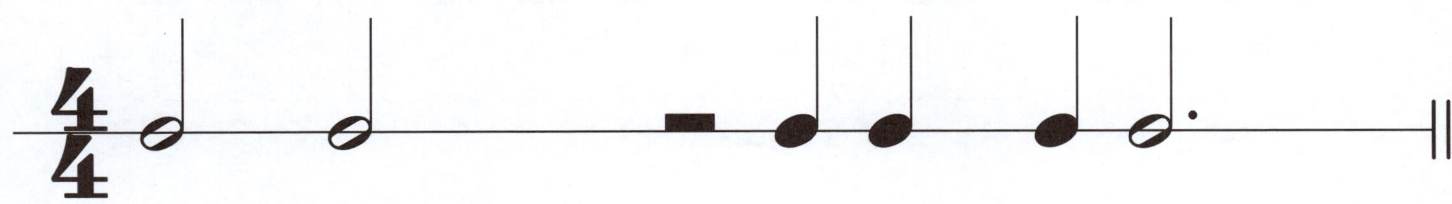

반음과 온음의 차이를 잘 확인해 보세요.

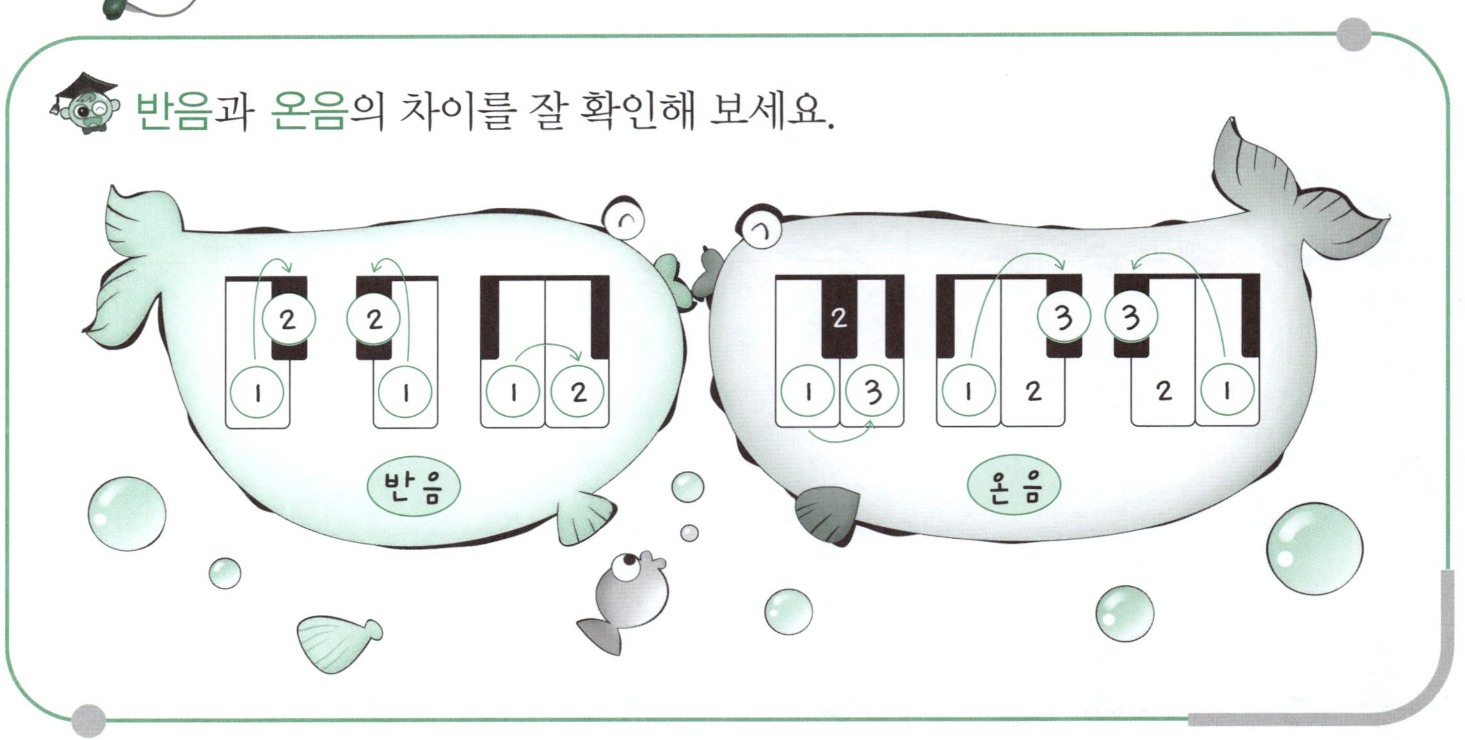


건반을 보고 반음인지 온음인지 써 보세요.

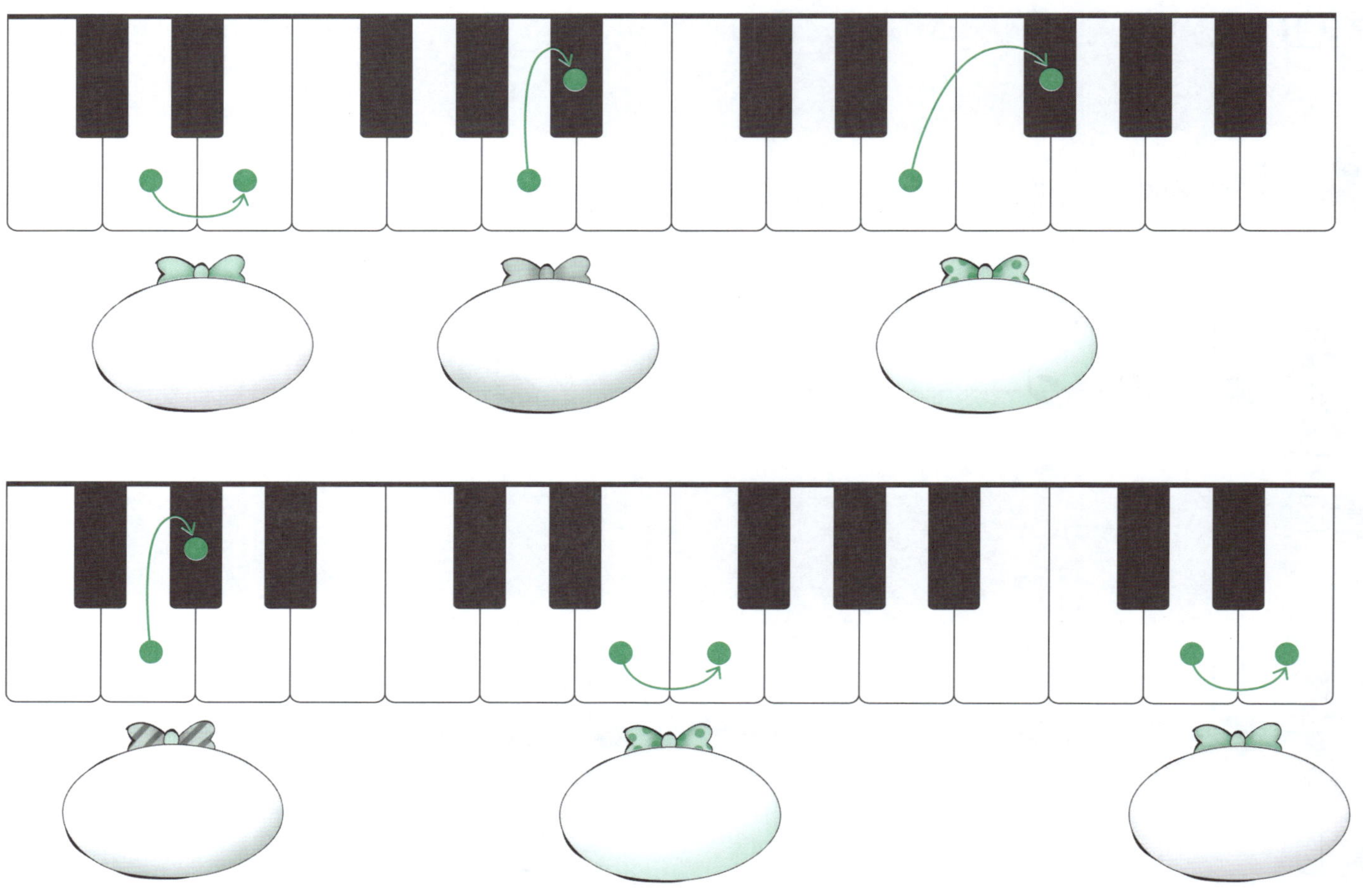

# 반음과 온음

 건반과 음표를 연결하고 반음인지 온음인지 써 보세요.

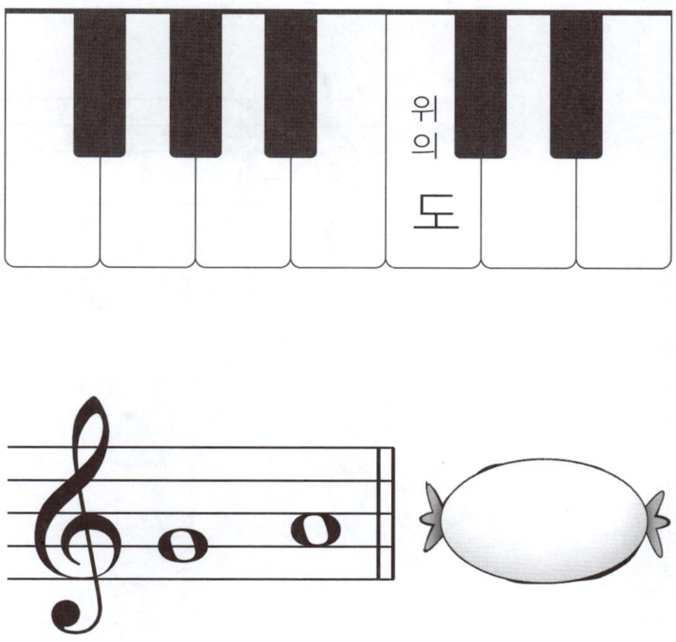

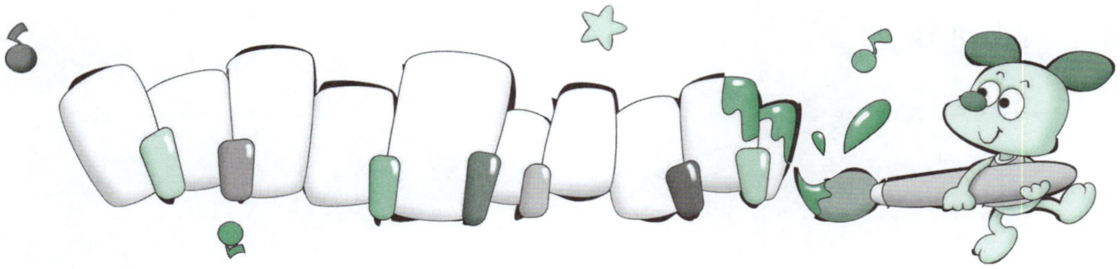

 임시표 ♯(샵)은 한 마디 안에서만 그 음을 반음 올려줍니다.

 따라서 써 보세요.

임시표 ♭(플랫)은 한 마디 안에서만 그 음을 반음 내려줍니다.

따라서 써 보세요.

임시표 ♭(플랫)

임시표 ♭(플랫)

임시표 ♭(플랫)

임시표 ♭(플랫)

♭(플랫)은 한 마디 안에서만 반음 내린다

♭(플랫)은 한 마디 안에서만 반음 내린다

제자리표인 ♮(내추럴)은 ♯(샵)이나 ♭(플랫)이 붙은 음을 제자리로 돌아가게 할 때 씁니다.

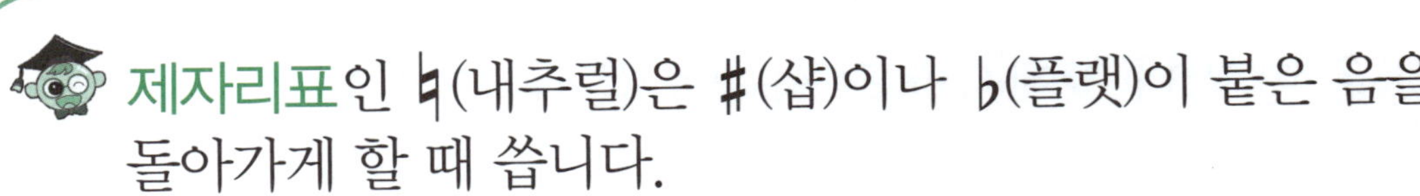

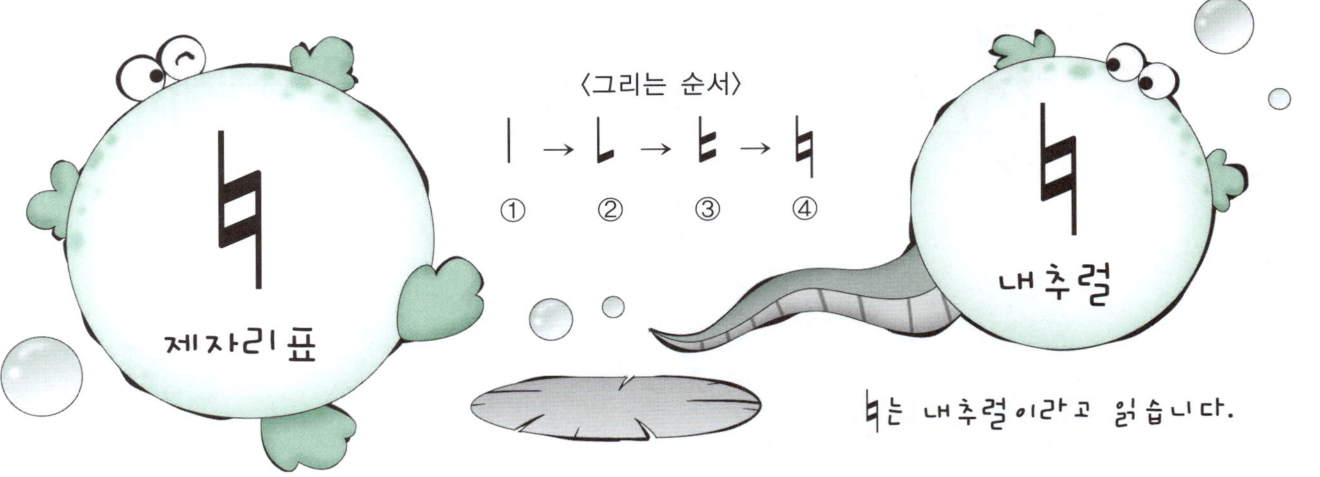


따라서 써 보세요.

  제자리표(♮)를 따라서 그려 보세요.

음표를 보고 알맞은 건반의 번호를 안에 써 보세요.

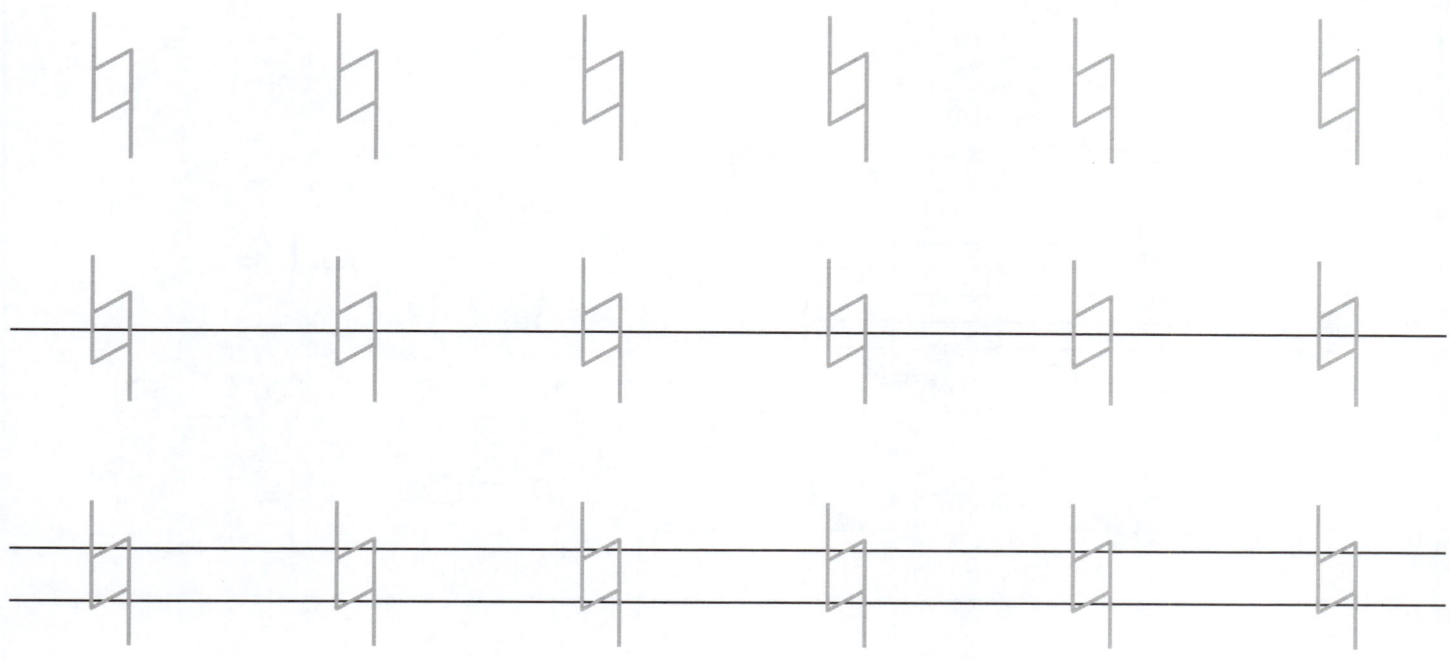

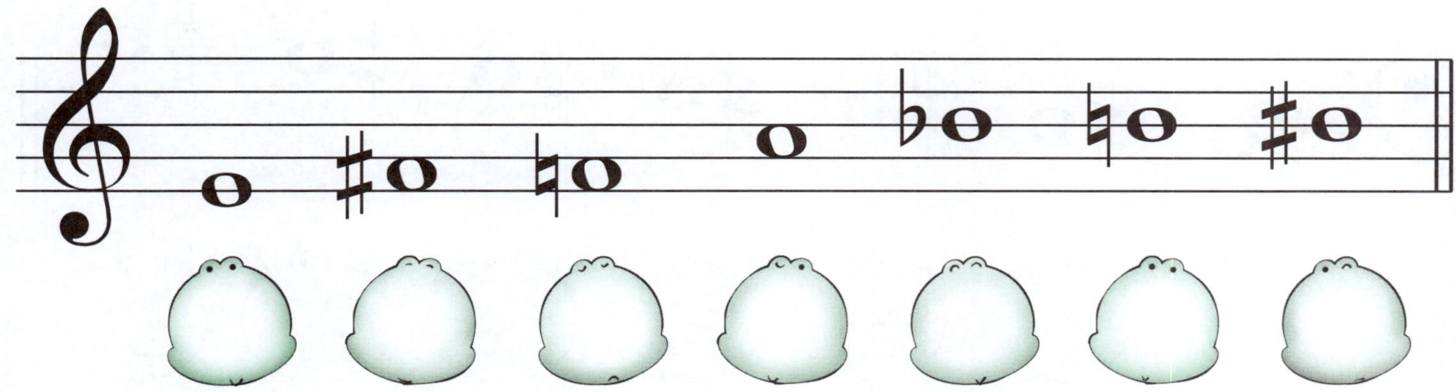

# 임시표와 영어 음이름

올림표 ♯(샵)이 붙은 음표는 영어 음이름과 함께 쓰거나 읽습니다.

읽으면서 따라서 써 보세요(♯ = 샵)

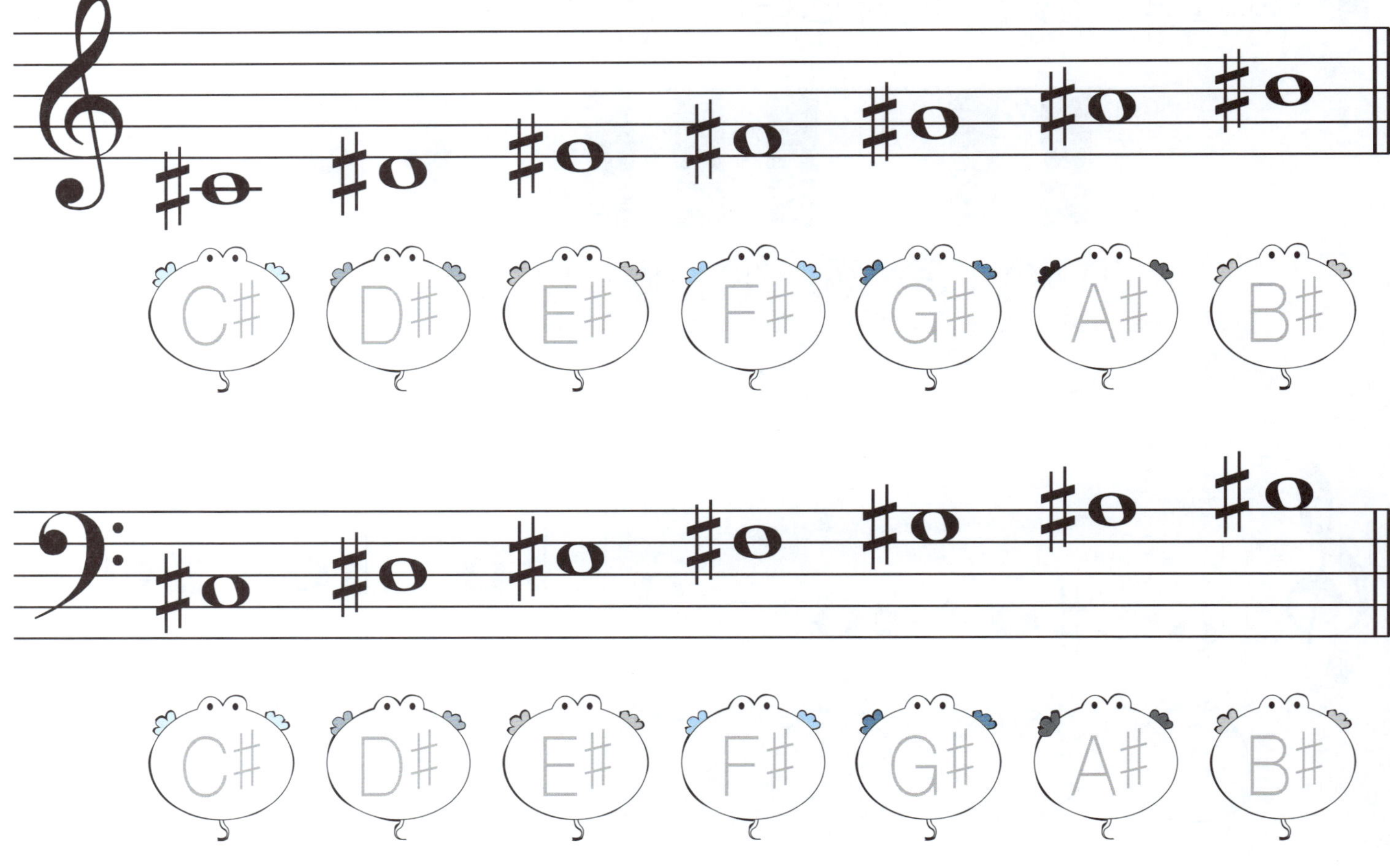

# 임시표와 영어 음이름

🎓 내림표 ♭(플랫)이 붙은 음표는 영어 음이름과 함께 쓰거나 읽습니다.

읽으면서 따라서 써 보세요(♭ = 플랫)

## part. 20 임시표와 우리 나라 음이름

올림표 ♯(샵)이 붙은 음표는 우리 나라 음이름과 함께 쓰거나 읽습니다.

읽으면서 따라서 써 보세요(♯ = 올림)

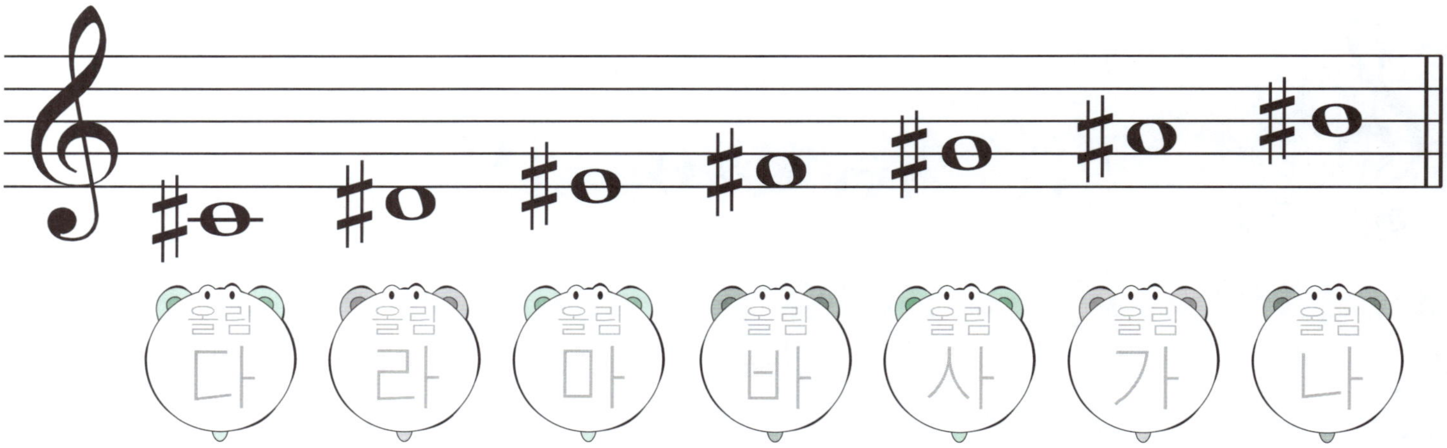

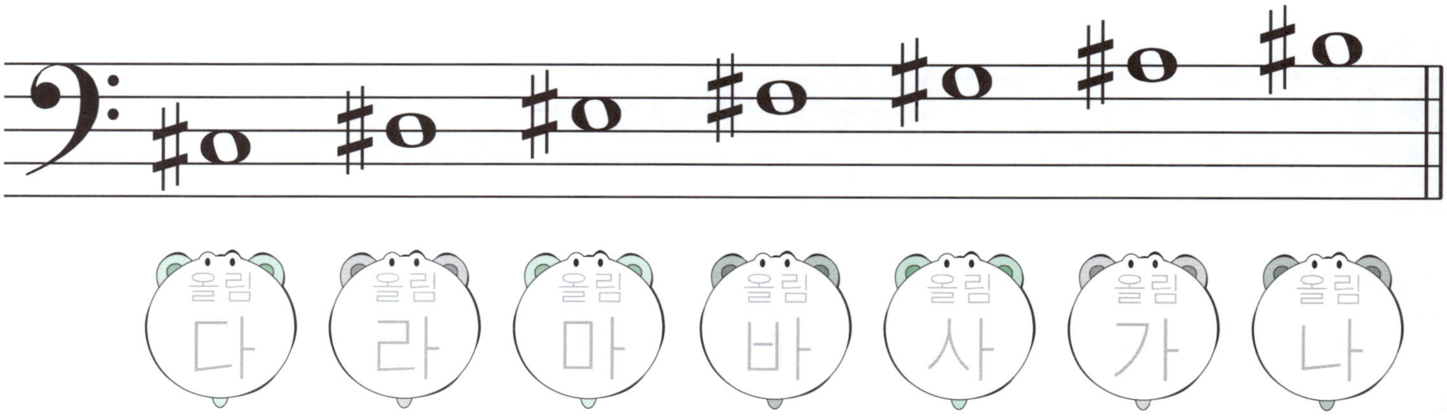

올림 다　올림 라　올림 마　올림 바　올림 사　올림 가　올림 나

올림 다　올림 라　올림 마　올림 바　올림 사　올림 가　올림 나

확인

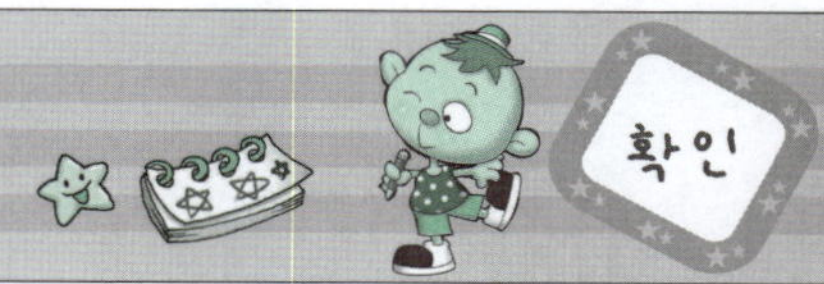

내림표 ♭(플랫)이 붙은 음표는 우리 나라 음이름과 함께 쓰거나 읽습니다.

쓰기

다
내림 다

읽기

내림 다

♭은 내림이라고 읽습니다.

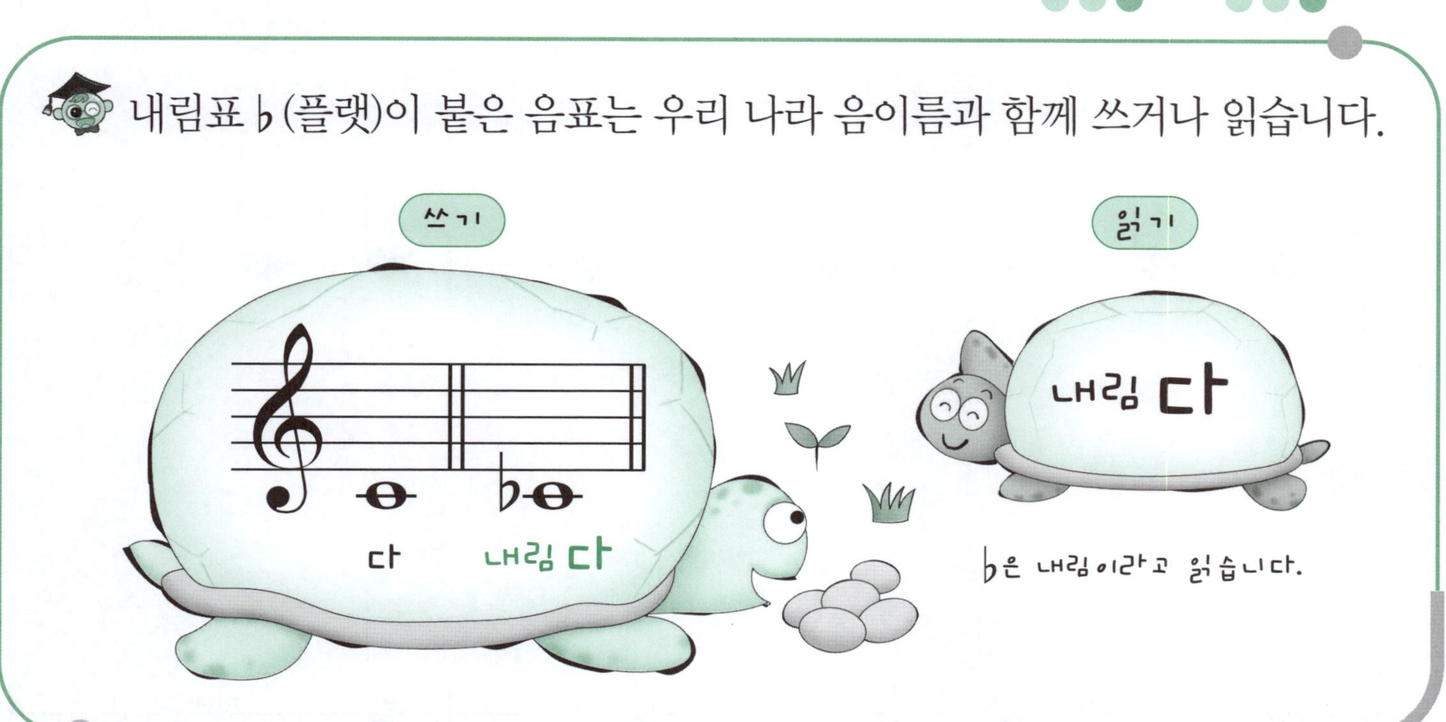

읽으면서 따라서 써 보세요(♭ = 내림)

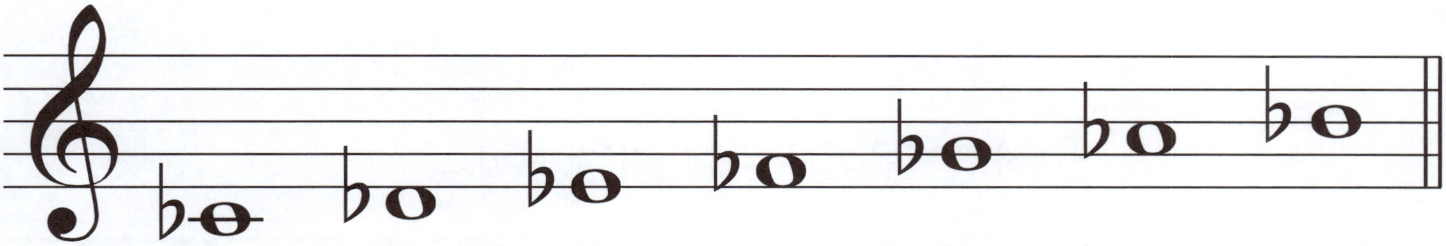

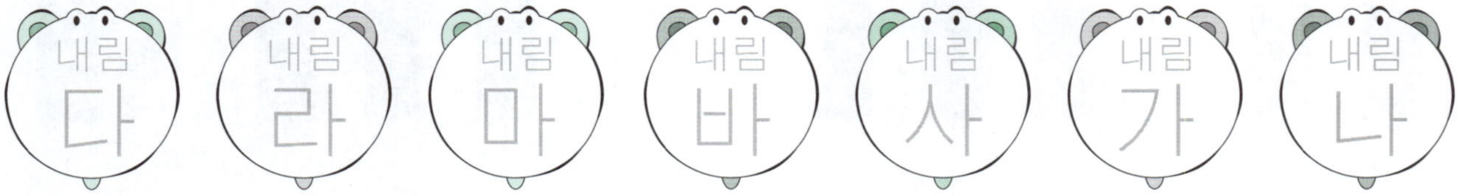
내림 다
내림 라
내림 마
내림 바
내림 사
내림 가
내림 나

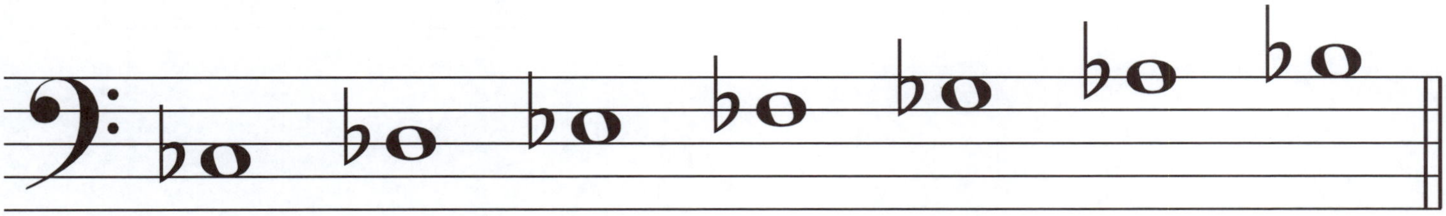

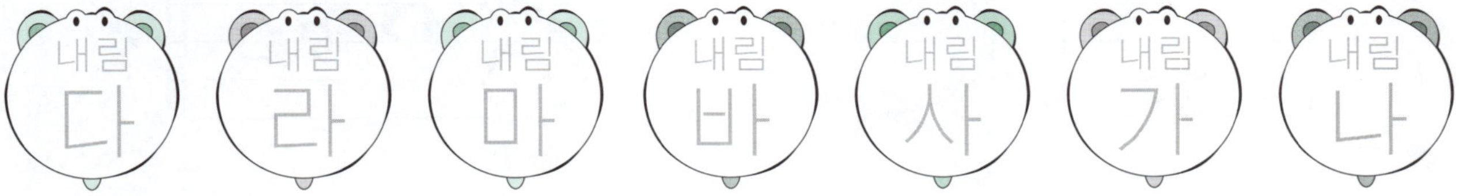
내림 다
내림 라
내림 마
내림 바
내림 사
내림 가
내림 나

 리듬치기와 리듬읽기를 써 보세요.

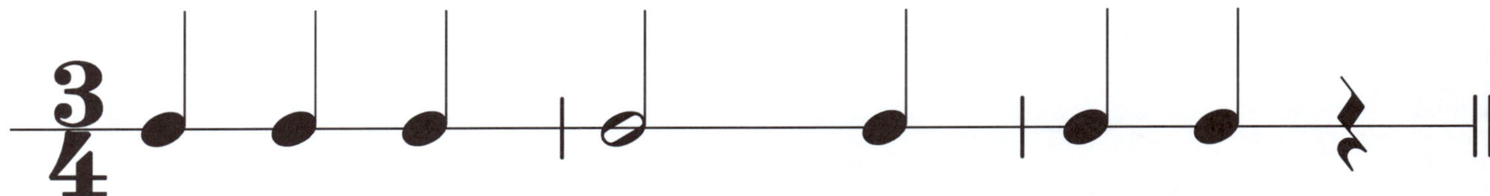

리듬치기

리듬읽기

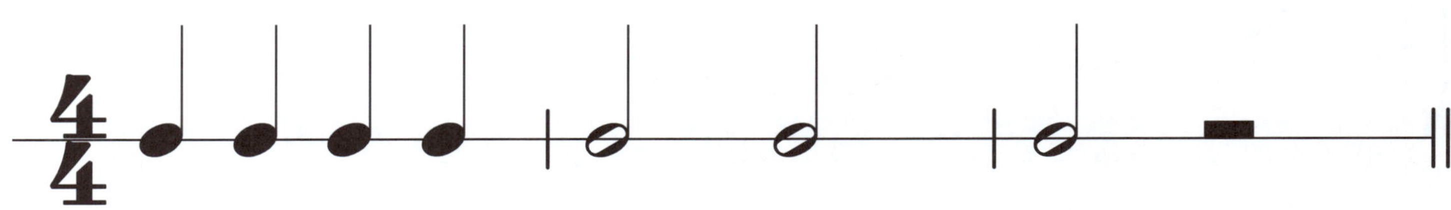

리듬치기

리듬읽기

 건반과 음표를 연결하고 반음인지 온음인지 써 보세요.

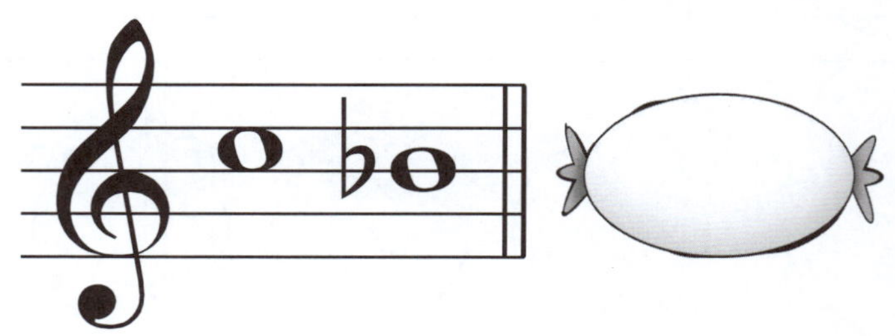

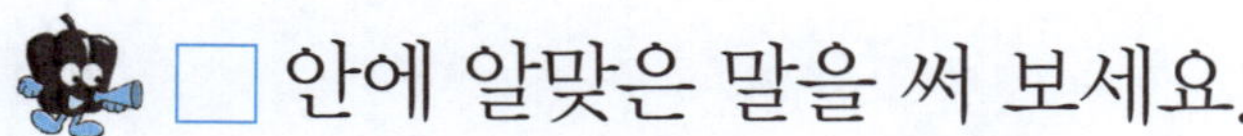 안에 알맞은 말을 써 보세요.

- 임시표 ♯ 은 한 ☐☐ 안에서만 반음 올린다.

- 임시표 ♭ 은 한 ☐☐ 안에서만 반음 내린다.

- ♮ (내추럴)은 ♯ 나 ♭ 이 붙은 음을 ☐☐☐ 로 돌아가게 할 때 쓴다.

음표를 보고 알맞은 건반의 번호를 ◯ 안에 써 보세요.

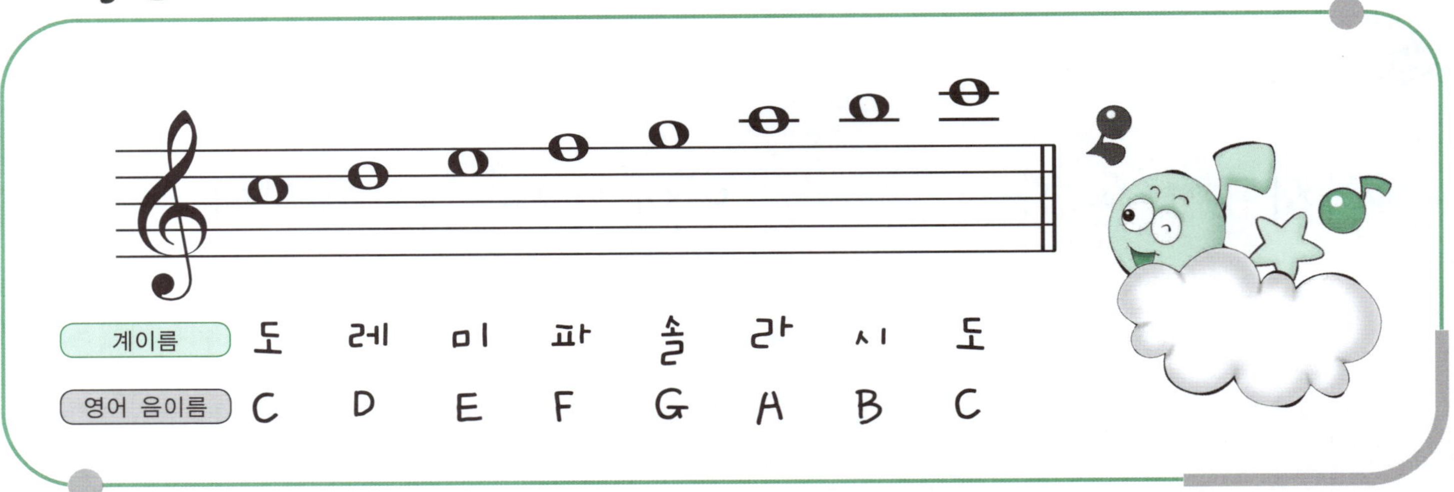


계이름과 영어 음이름을 써 보세요.

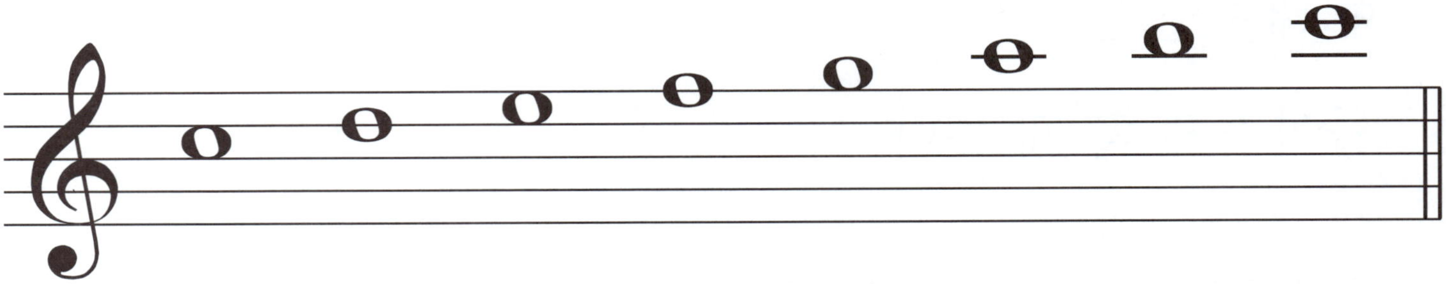

| 계이름 | | | | | | | |
|---|---|---|---|---|---|---|---|
| 영어<br>음이름 | | | | | | | |

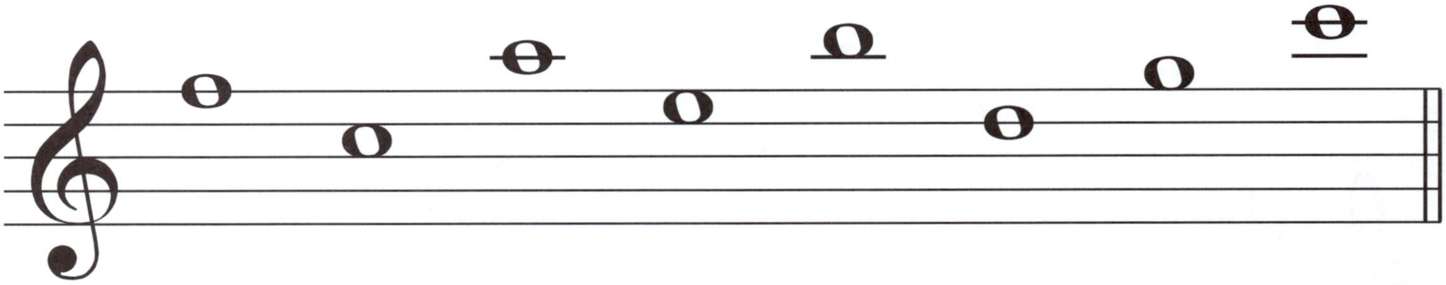

| 계이름 | | | | | | | |
|---|---|---|---|---|---|---|---|
| 영어<br>음이름 | | | | | | | |

계이름과 영어 음이름 3

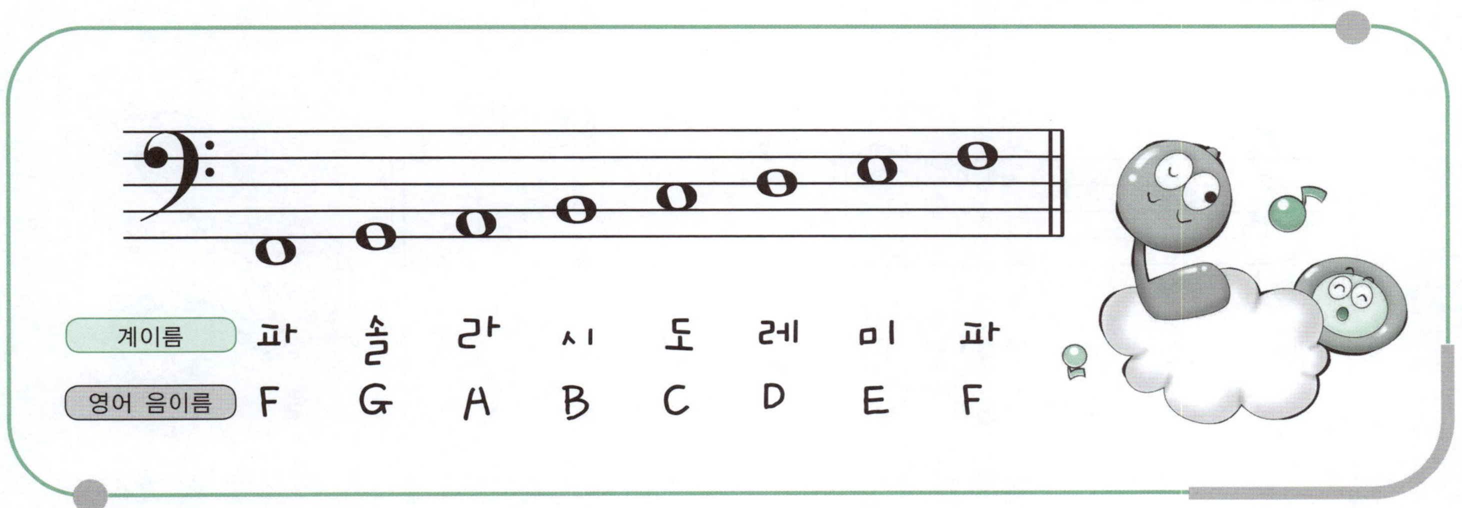

| 계이름 | 파 | 솔 | 라 | 시 | 도 | 레 | 미 | 파 |
| --- | --- | --- | --- | --- | --- | --- | --- | --- |
| 영어 음이름 | F | G | A | B | C | D | E | F |

계이름과 영어 음이름을 써 보세요.

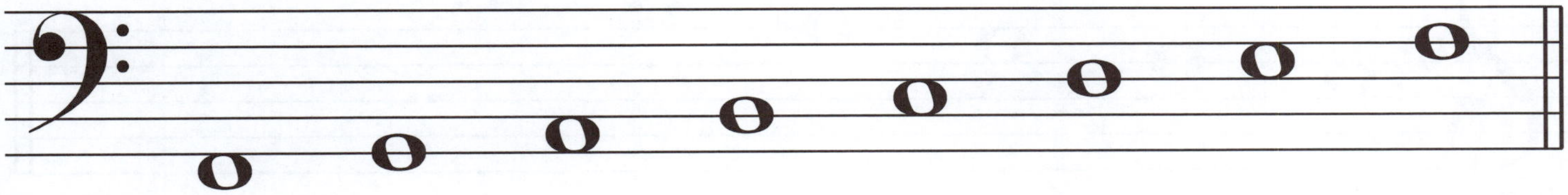

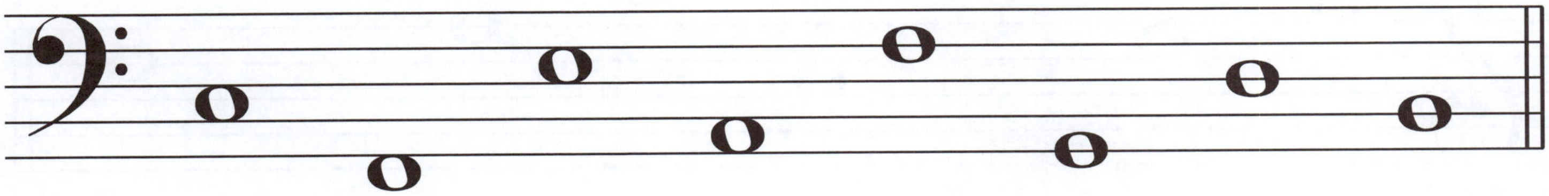

# Part. 22 계이름과 우리나라 음이름 3

월 일

| 계이름 | 도 | 레 | 미 | 파 | 솔 | 라 | 시 | 도 |
|---|---|---|---|---|---|---|---|---|
| 우리 나라 음이름 | 다 | 라 | 마 | 바 | 사 | 가 | 나 | 다 |

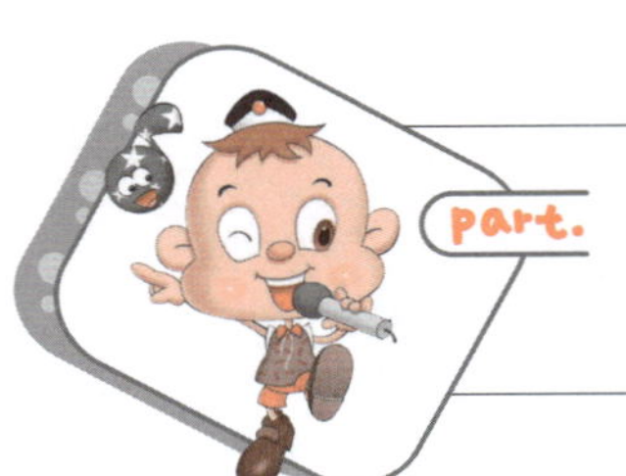

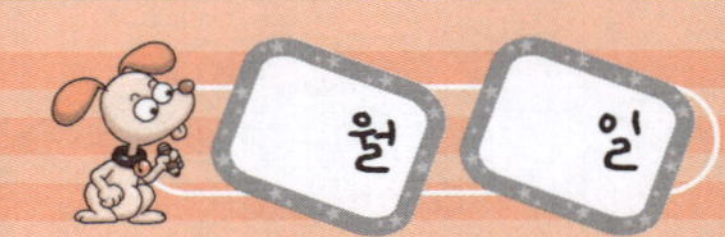

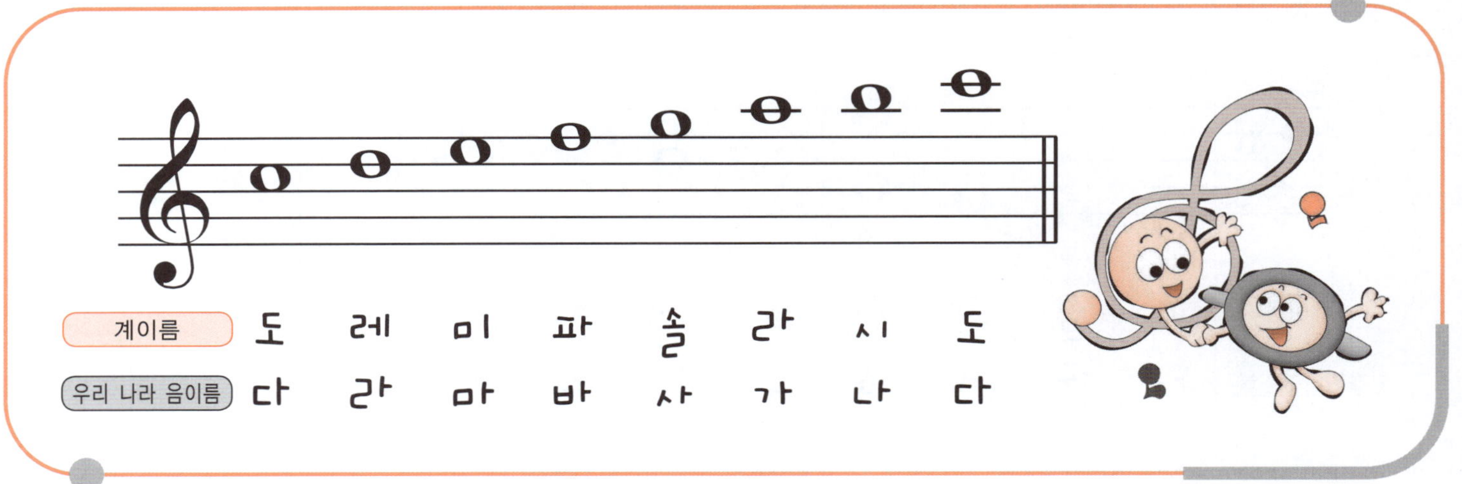

계이름과 우리 나라 음이름을 써 보세요.

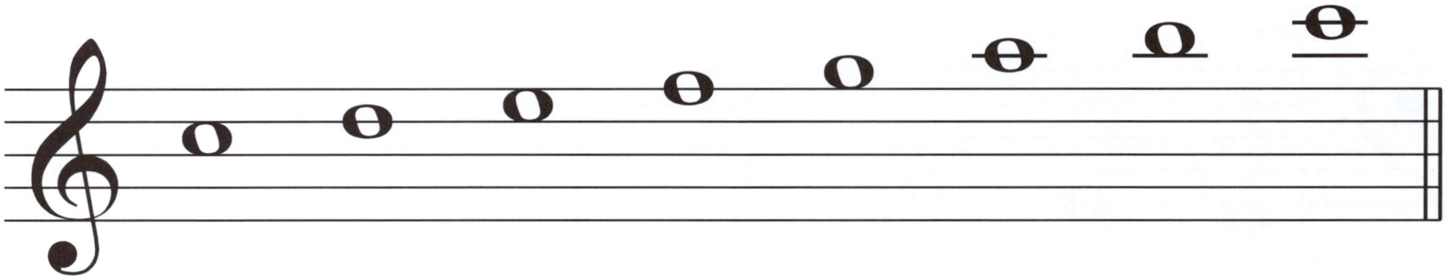

계이름

우리나라 음이름

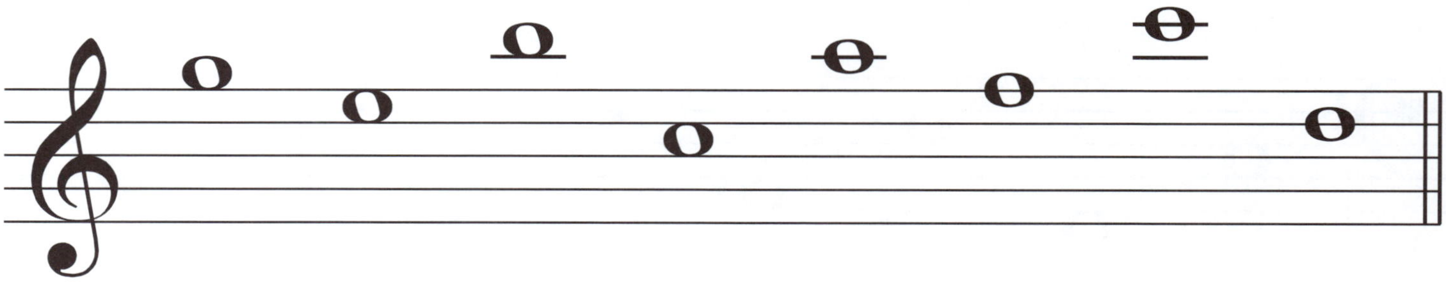

계이름

우리나라 음이름

# 계이름과 우리 나라 음이름 3

확인

| | | | | | | | | |
|---|---|---|---|---|---|---|---|---|
| 계이름 | 파 | 솔 | 라 | 시 | 도 | 레 | 미 | 파 |
| 우리 나라 음이름 | 바 | 사 | 가 | 나 | 다 | 라 | 마 | 바 |

계이름과 우리 나라 음이름을 써 보세요.

계이름

우리나라 음이름

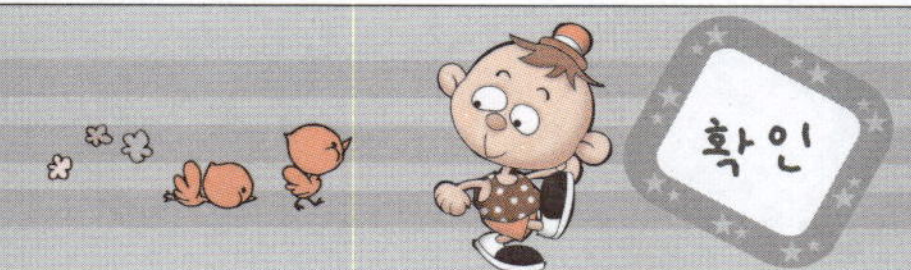

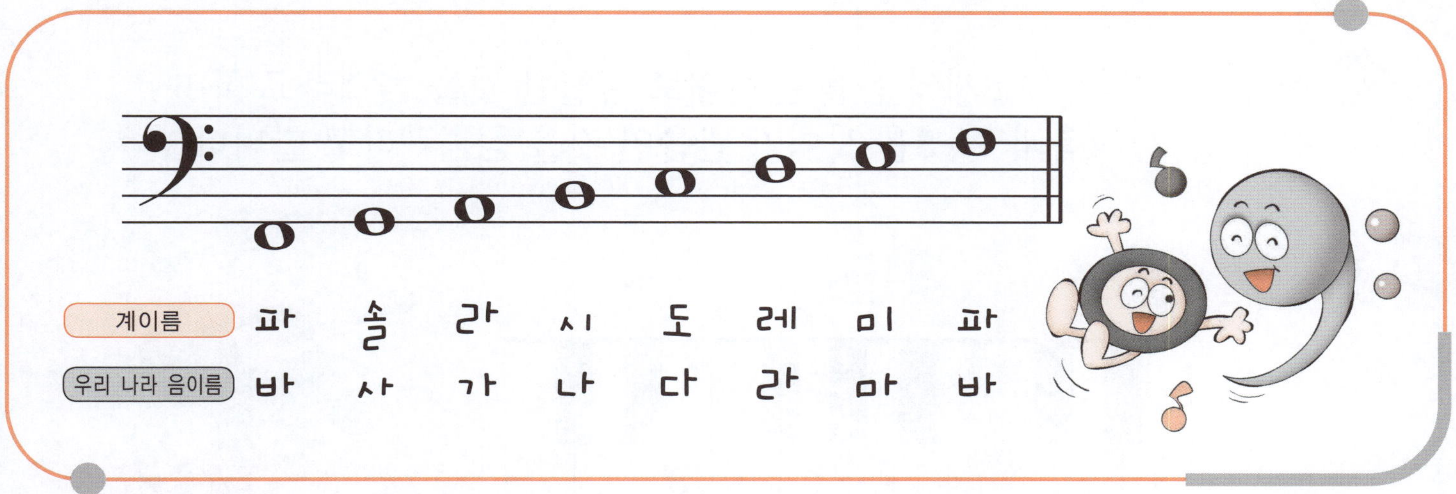

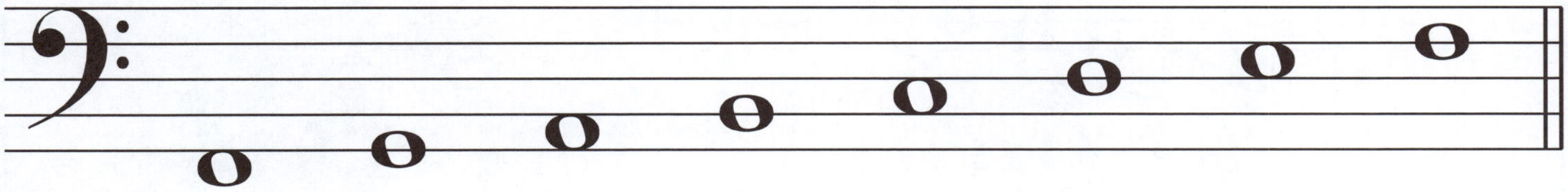

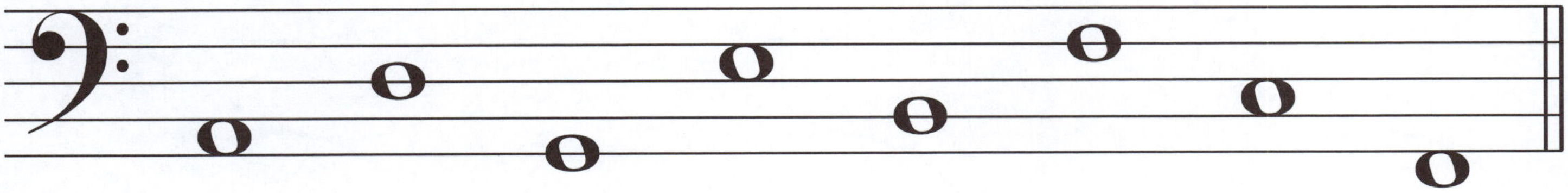

계이름

우리나라 음이름

 한 음을 시작으로 8개의 음을 순서대로 나열한 것을 음계라고 하며 음계 중 3~4음과 7~8음 사이가 반음인 것을 장음계라고 합니다.

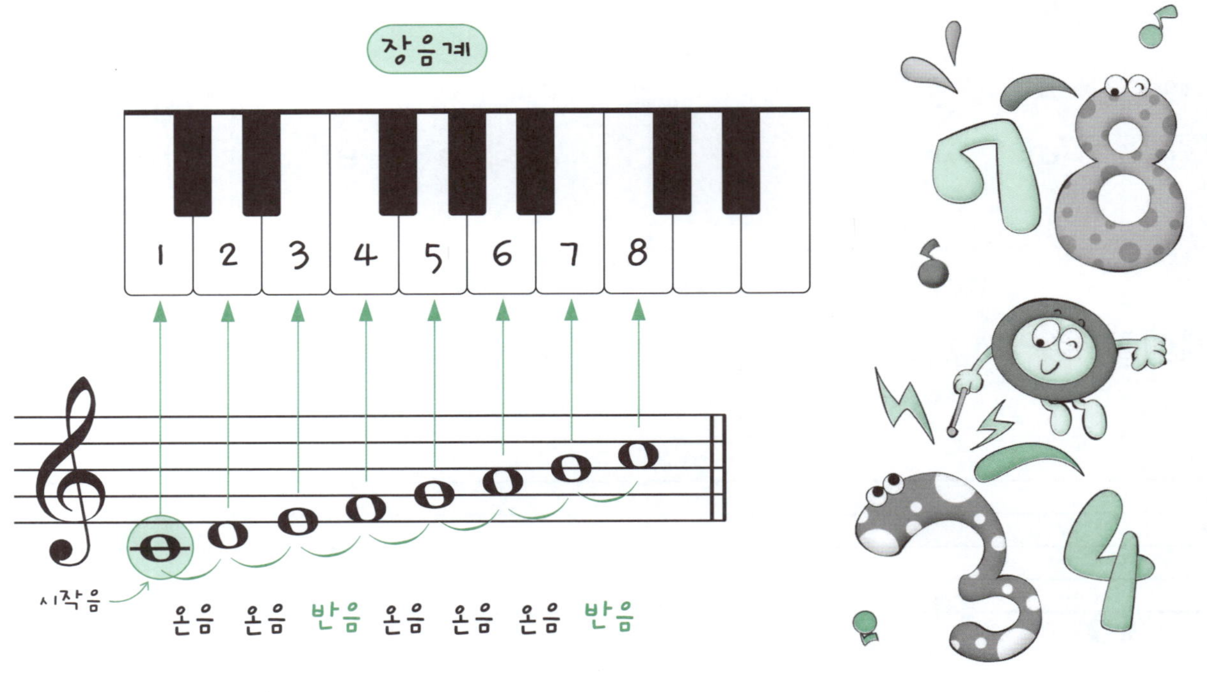

 따라서 써 보세요.

 색칠한 두 건반 사이가 반음인지 온음인지 써 보세요.

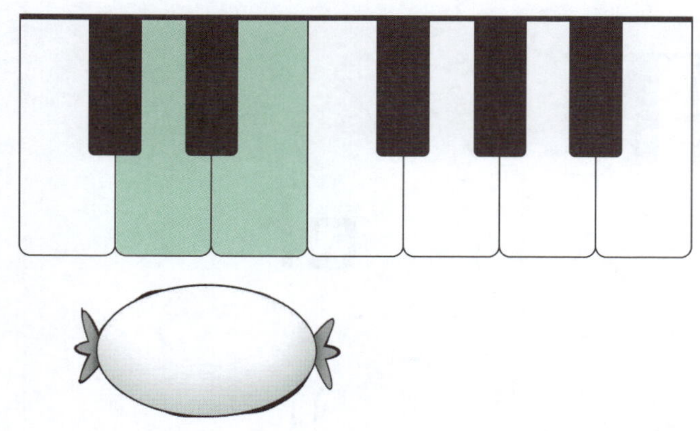

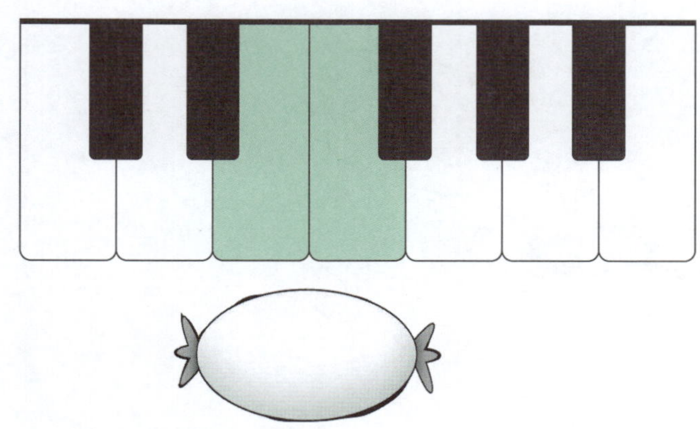

 음계에서 반음을 ⌣ 로 표시 해 보세요.

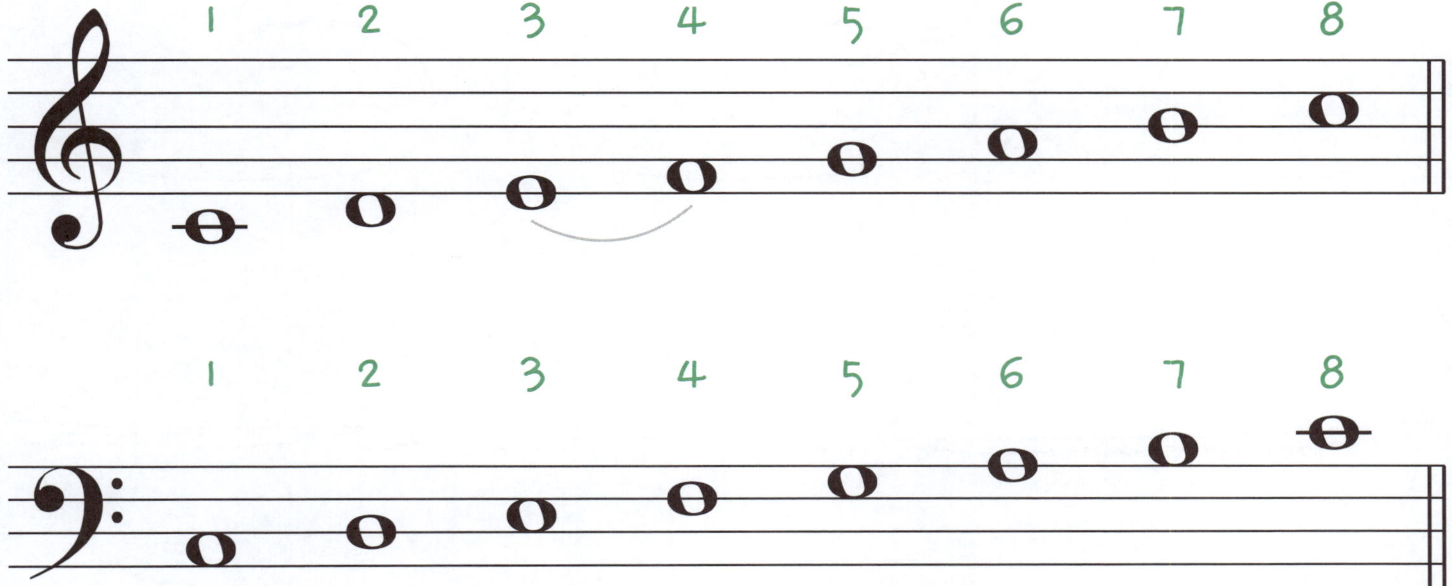

우리 나라 음이름 **다**음에서 시작하는 장음계가 **다장조 음계**입니다.

따라서 그리고 써 보세요.

다장조 음계

우리 나라 음이름을 ☐ 안에 쓰고 음표와 연결해 보세요.

다장조 음계를 따라서 그리고 온음은 온, 반음은 반으로 써 보세요.

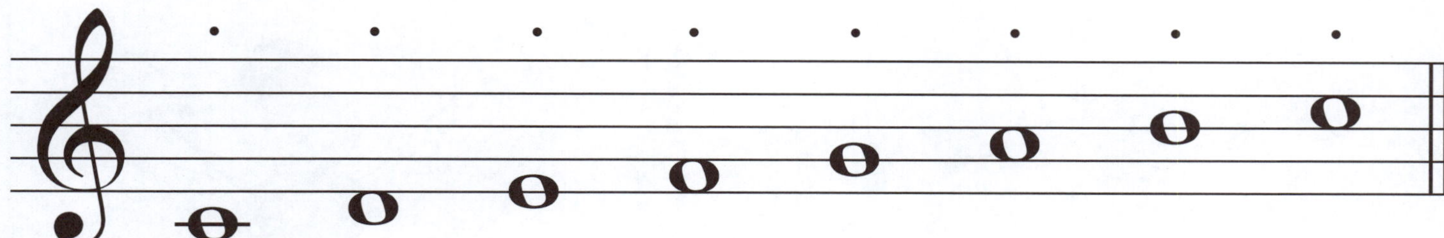

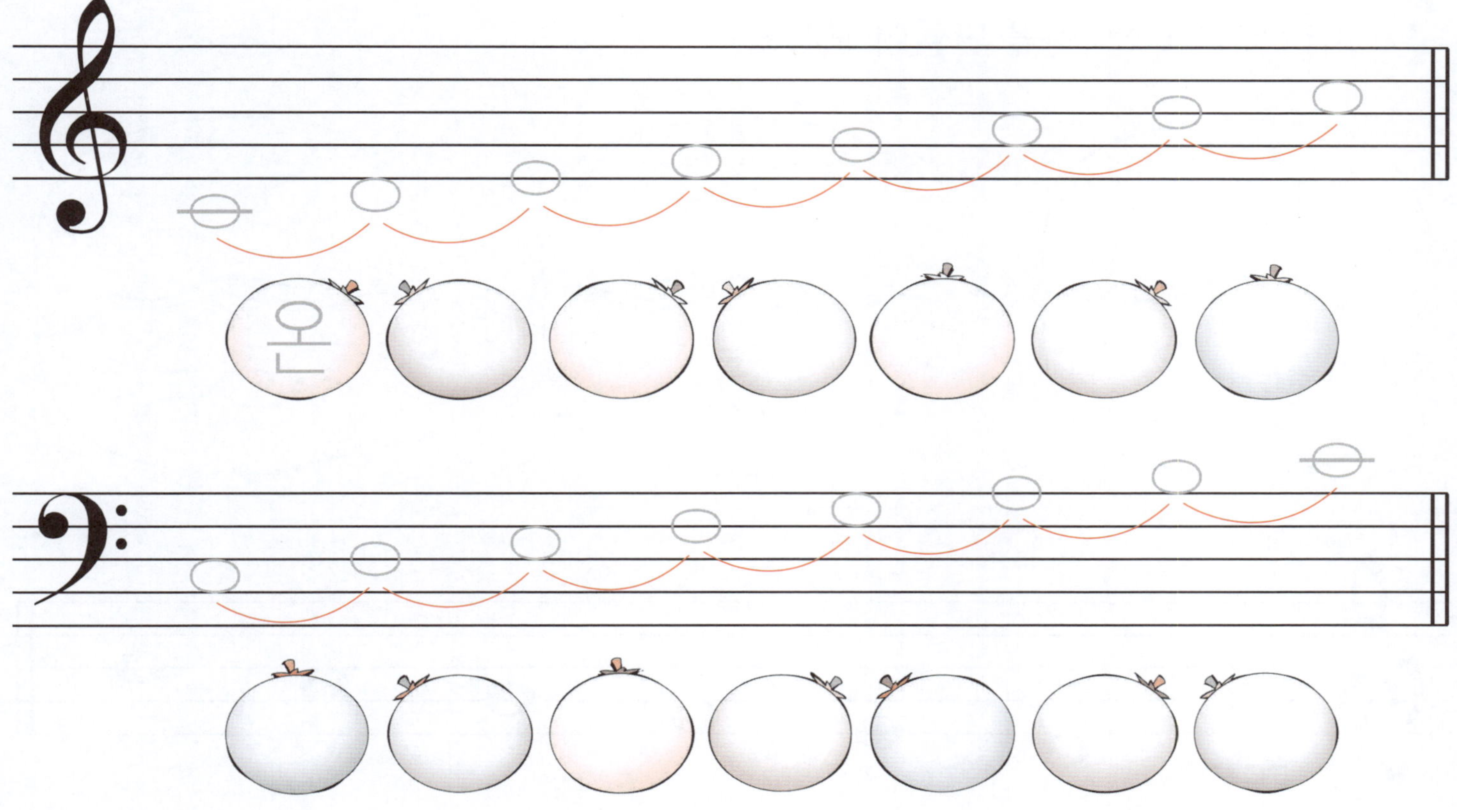

 여러 개의 음이 함께 울리는 것을 화음이라고 하며
한 음을 시작으로 3도씩 두 번 쌓은 것을 3화음이라고 합니다.

 따라서 쓰고 3화음을 만들어 보세요.

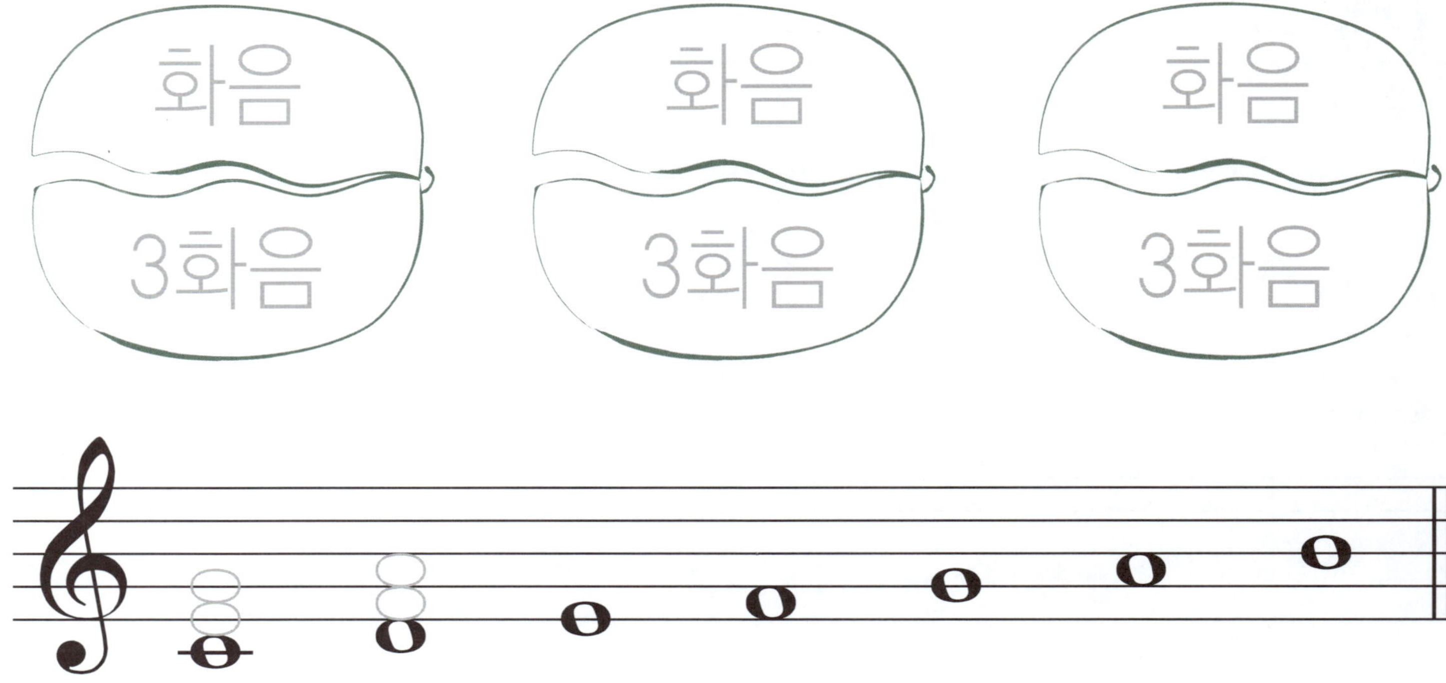

3화음을 이루는 3개의 음에는 각각 이름이 있습니다.

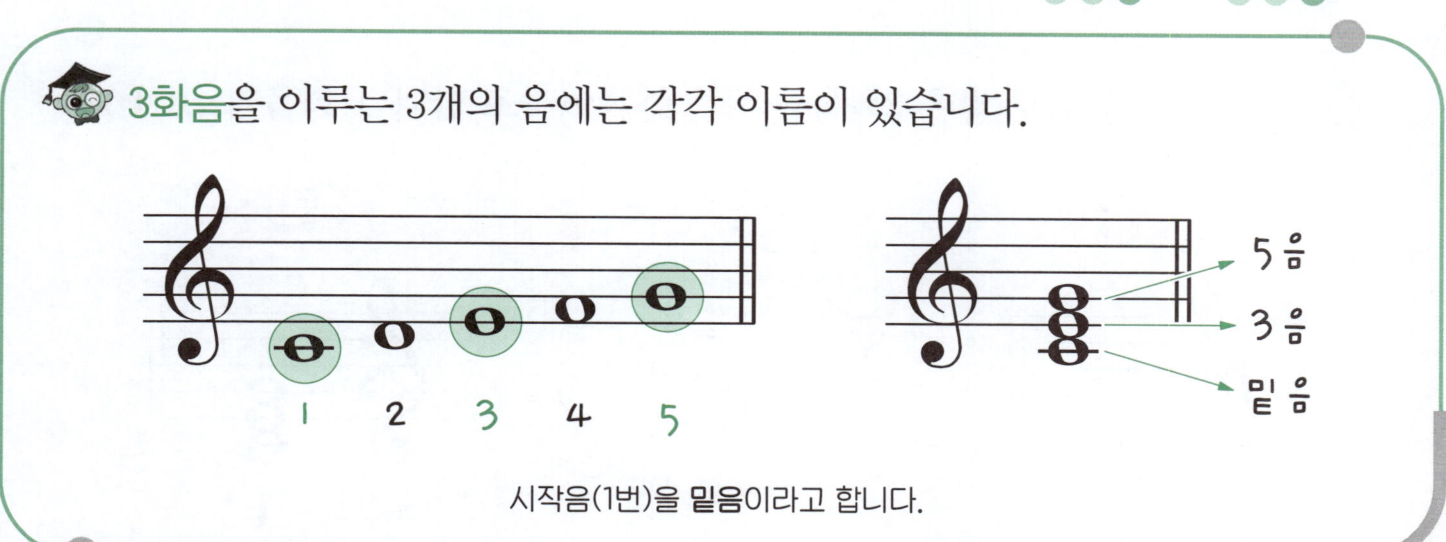


시작음(1번)을 **밑음**이라고 합니다.

3화음을 이루는 3개 음의 이름을 써 보세요.

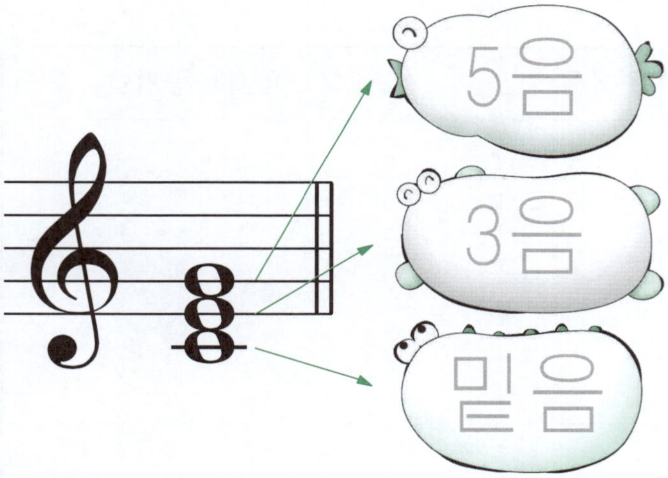

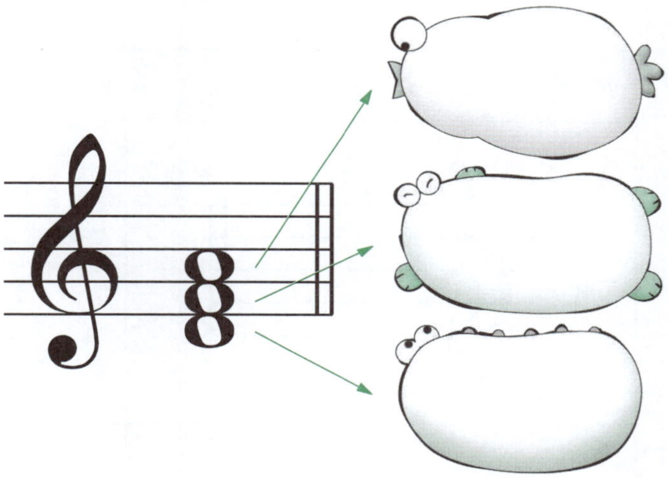

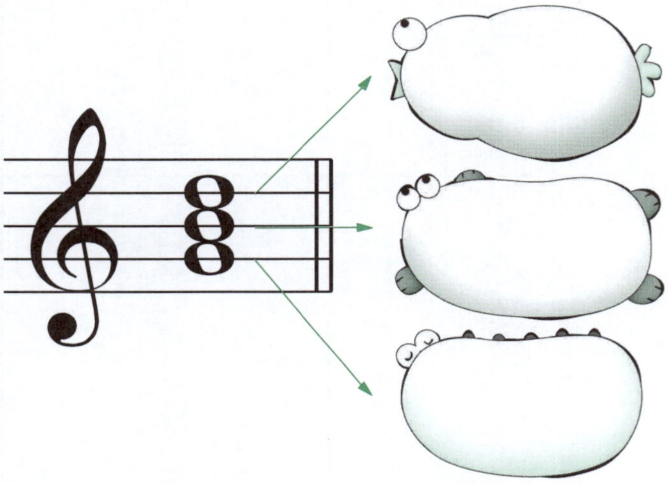

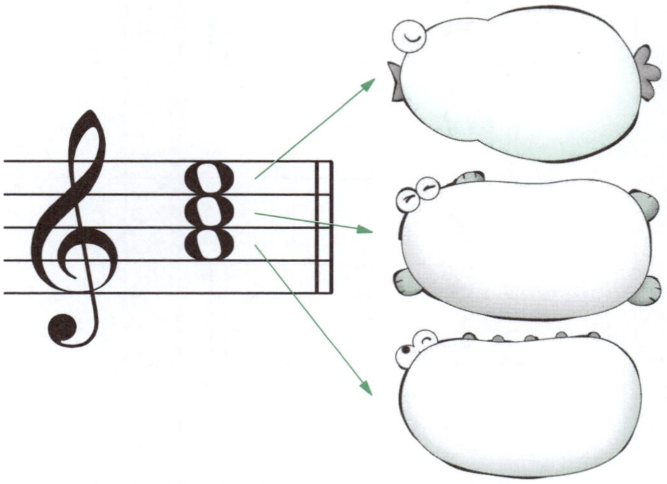

다장조 **도**음 위로 쌓은 3화음을 **으뜸화음**이라고 합니다(화음기호 =Ⅰ).

따라서 그리고 써 보세요.

| 화 음 | 화음이름 | 화음기호 |
| --- | --- | --- |
|  | 으뜸화음 | Ⅰ |
|  | 으뜸화음 | Ⅰ |
|  | 으뜸화음 | Ⅰ |

# 으뜸화음 ( Ⅰ )

 으뜸화음과 화음기호를 그리고 써 보세요.

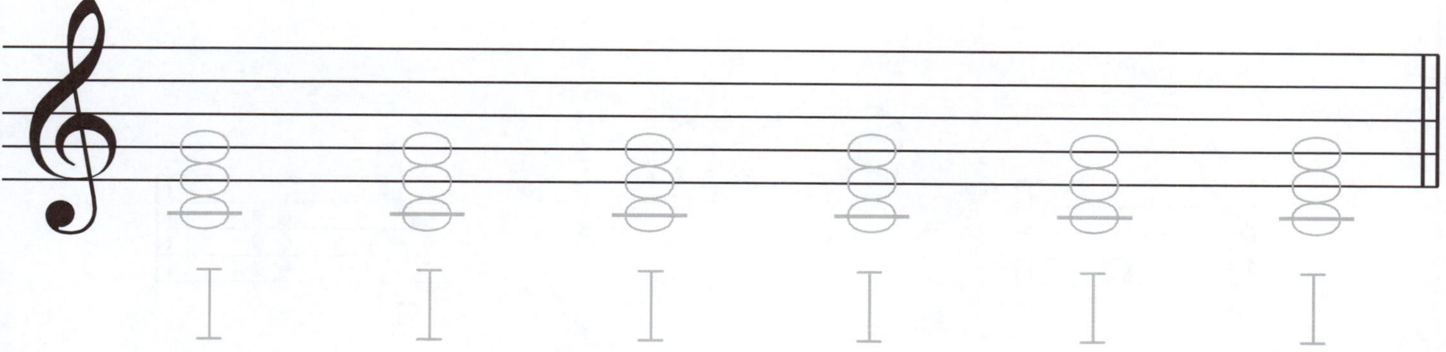

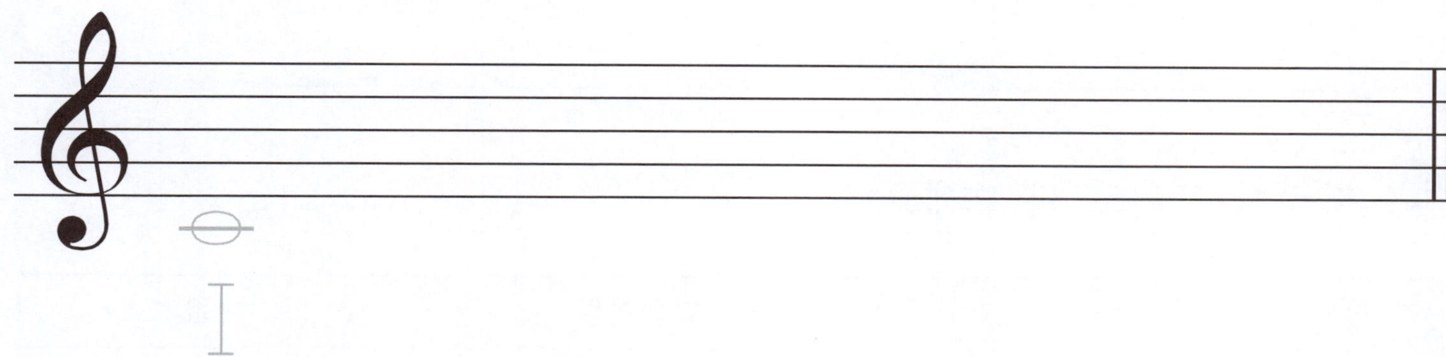

 으뜸화음을 그리고 건반에 색칠해 보세요.

월 일

다장조 **파**음 위로 쌓은 3화음을 **버금딸림화음**이라고 합니다(화음기호 = **Ⅳ**).

 따라서 그리고 써 보세요.

| 화 음 | 화음이름 | 화음기호 |
|---|---|---|
|  | 버금딸림화음 | Ⅳ |
|  | 버금딸림화음 | Ⅳ |
|  | 버금딸림화음 | Ⅳ |

# 버금딸림화음 (Ⅳ)

 버금딸림화음과 화음기호를 그리고 써 보세요.

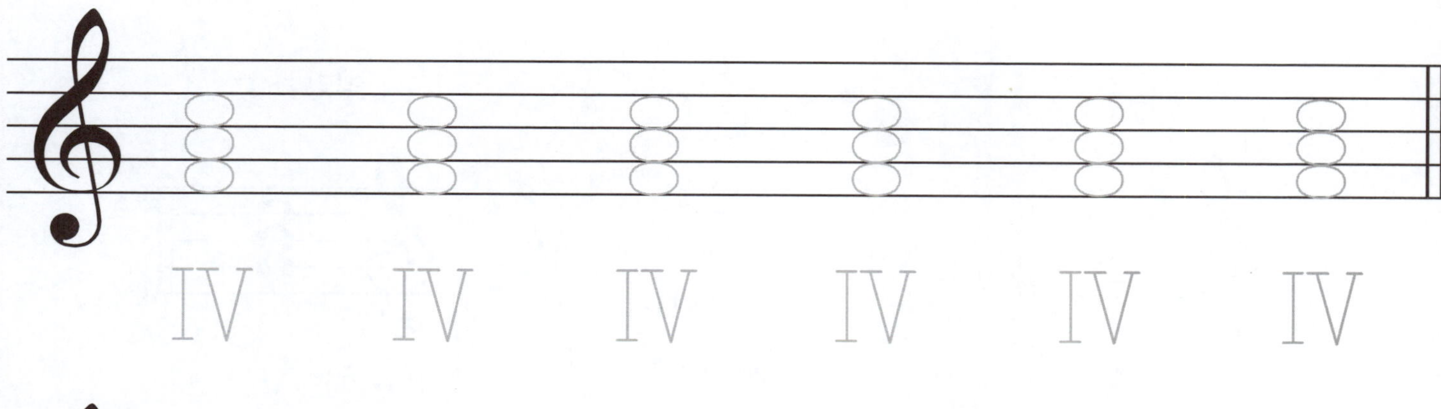

버금딸림화음을 그리고 건반에 색칠해 보세요.

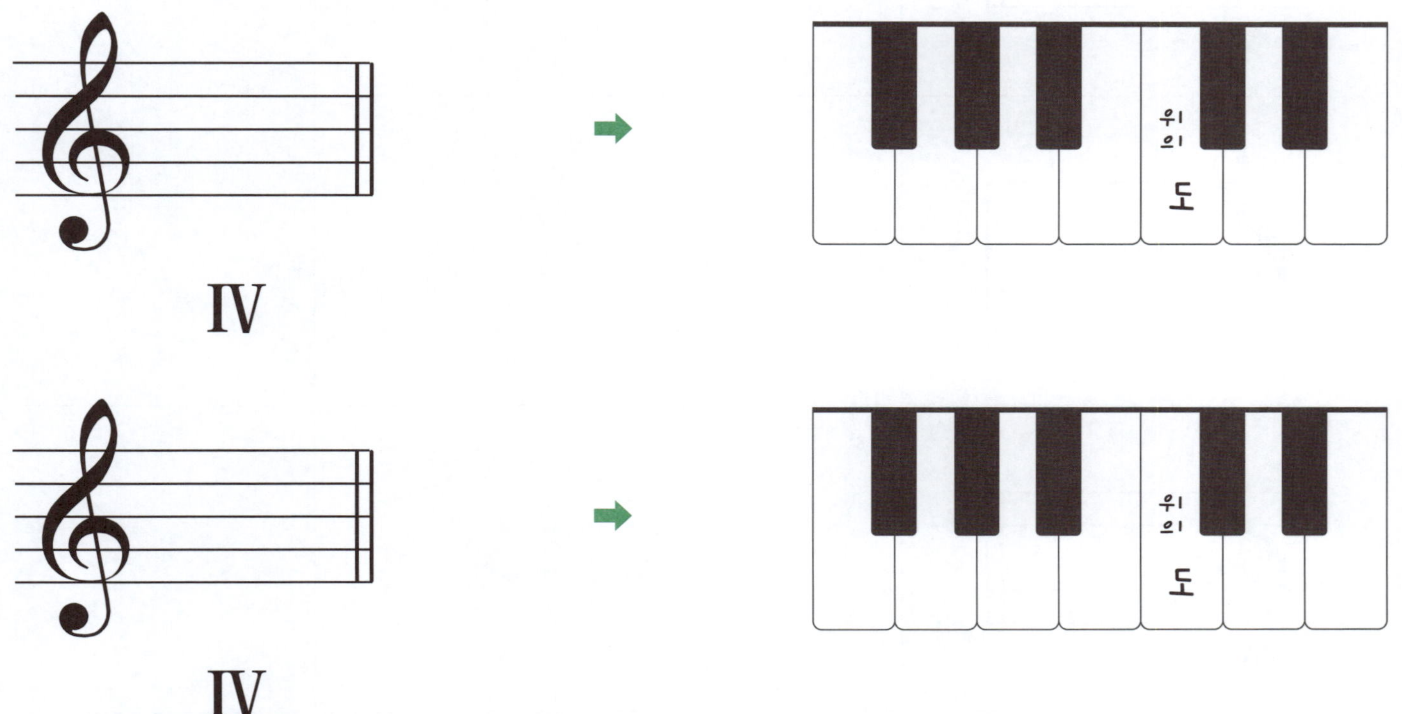

다장조 솔음 위로 쌓은 3화음을 **딸림화음**이라고 합니다 (화음기호 = Ⅴ).

따라서 그리고 써 보세요.

| 화 음 | 화음이름 | 화음기호 |
|---|---|---|
|  | 딸림화음 | Ⅴ |
|  | 딸림화음 | Ⅴ |
|  | 딸림화음 | Ⅴ |

# 딸림화음 (V)

 딸림화음과 화음기호를 그리고 써 보세요.

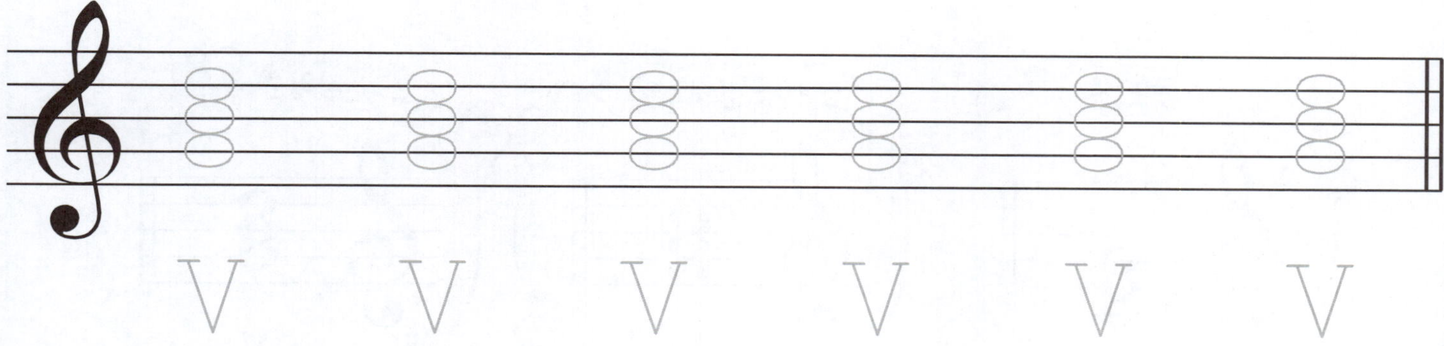

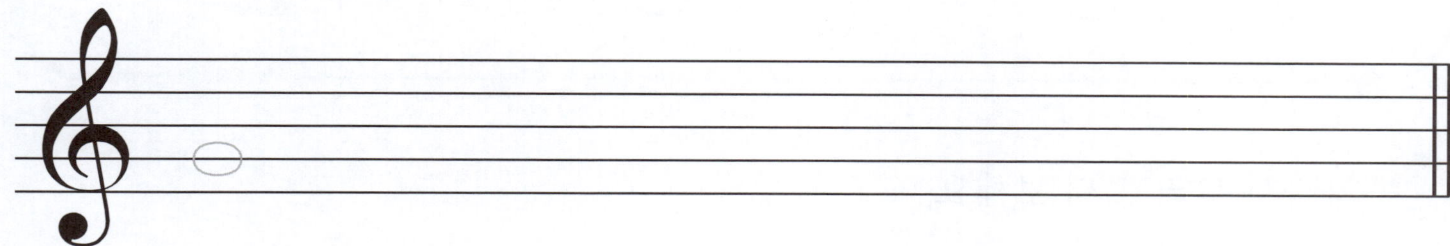

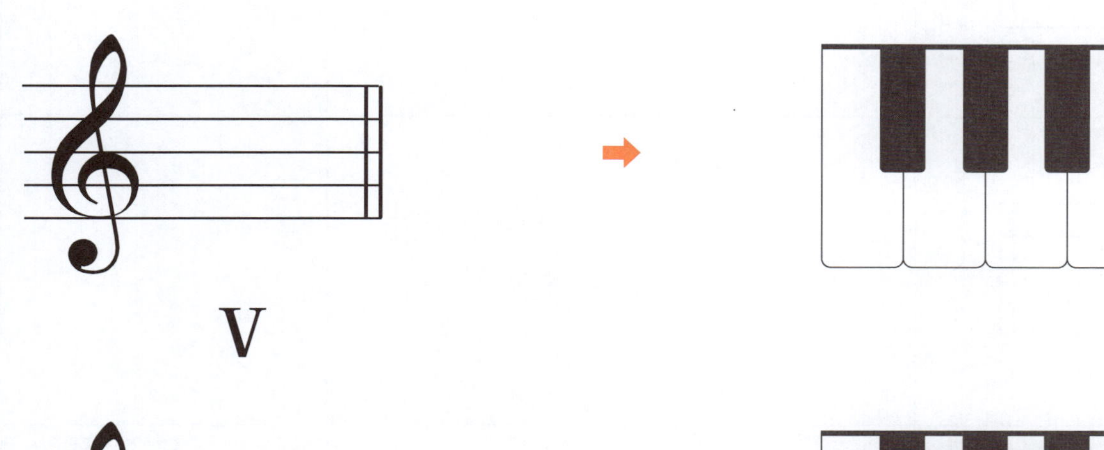 딸림화음을 그리고 건반에 색칠해 보세요.

V

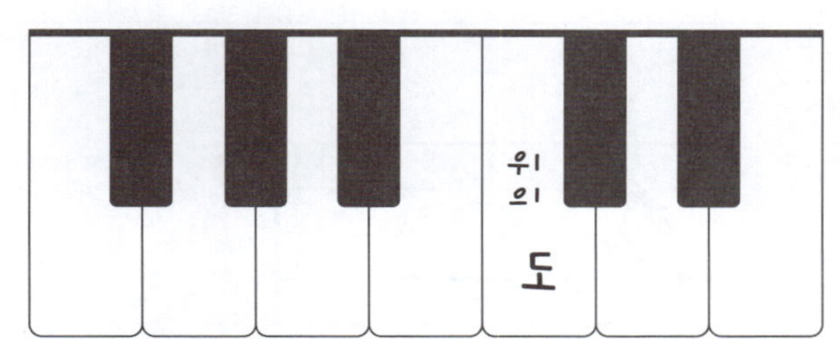

# part. 29

# 다장조 주요3화음

다장조의 으뜸화음, 버금딸림화음, 딸림화음을 다장조 주요3화음이라고 합니다.

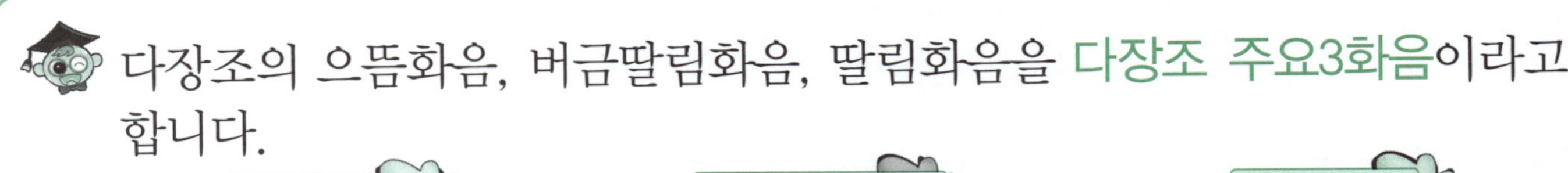

따라서 그리고 써 보세요.

| 화 음 | 화음이름 | 화음기호 |
|---|---|---|
|   | 으뜸화음 | I |
|   | 버금딸림화음 | IV |
|   | 딸림화음 | V |

 서로 관계있는 것끼리 줄로 연결해 보세요.

 · · 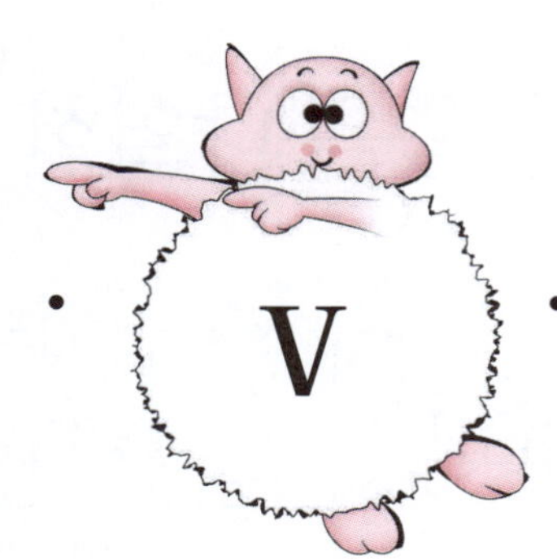

· · 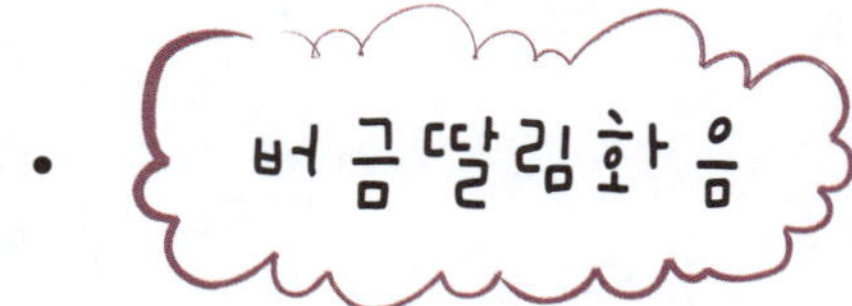

 · · 

· · 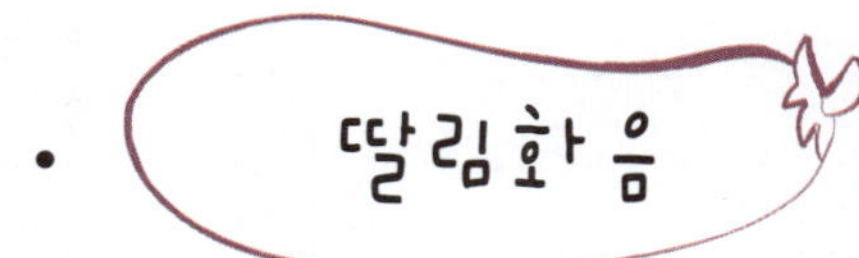

 · · 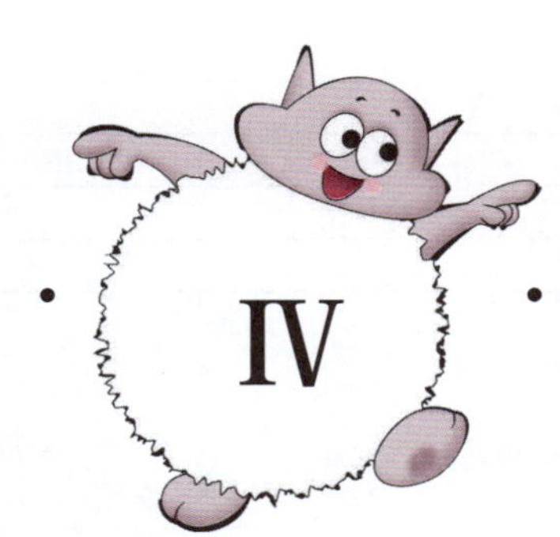

· · 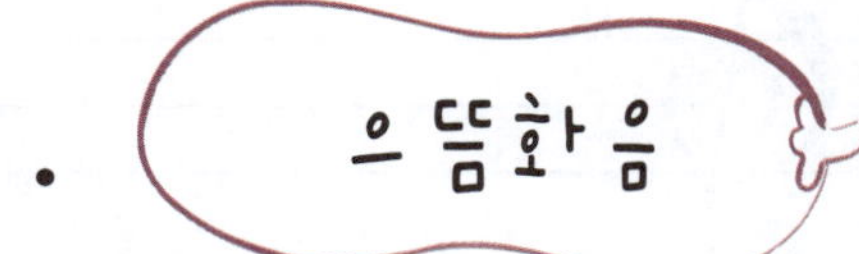

 다장조 주요3화음을 찾아서 ⭕ 표 해 보세요.

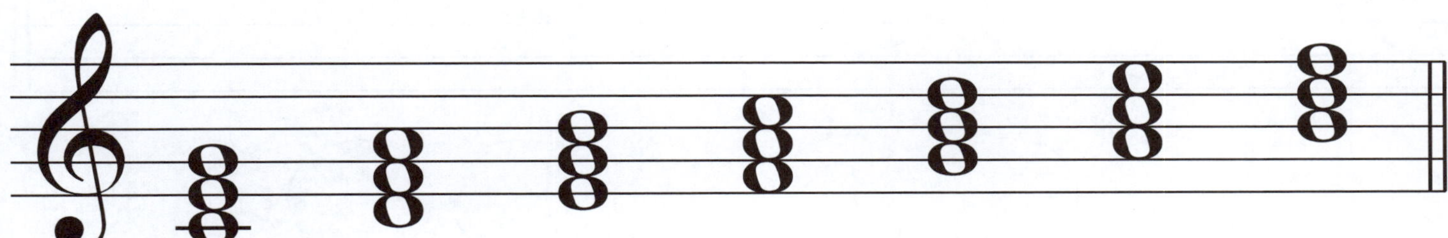

# 중간 복습하기

 □안에 알맞은 말을 써 보세요.

* 한 음을 시작으로 8개의 음을 나열한 것이 [　][　] 이다.

* 장음계는 [　] ~ [　] 음과 [　] ~ [　] 음 사이가 반음이다.

* 우리 나라 음이름 다음에서 시작하는 장음계 이름은 [　][　][　] 음계이다.

다장조 음계를 따라서 그리고 온음은 온, 반음은 반으로 써 보세요.

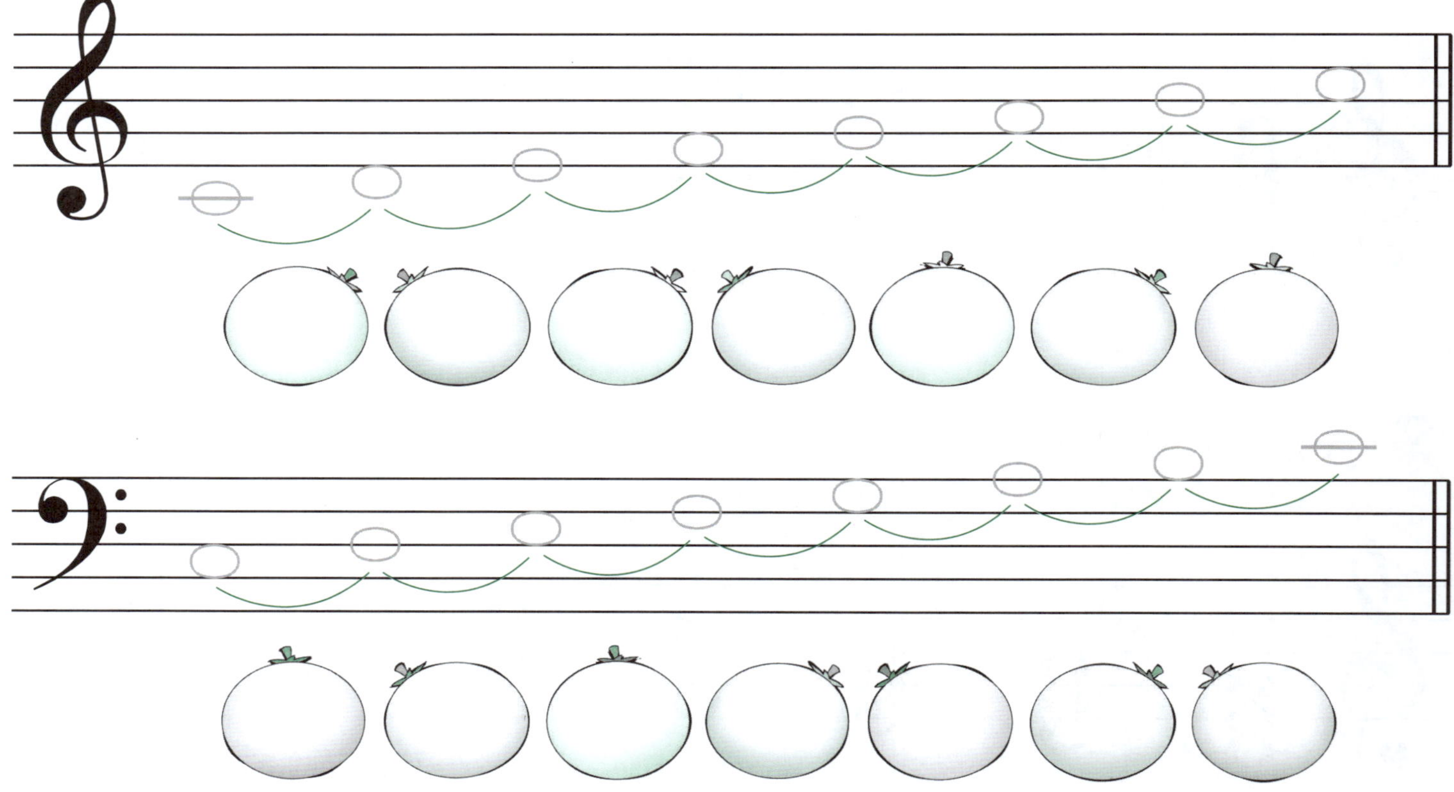

 3화음을 이루는 3개 음의 이름을 써 보세요.

다장조의 알맞은 화음과 화음기호를 그리고 써 보세요.

| 화음이름 | 화 음 | 화음기호 |
|---|---|---|
| 으뜸화음 |  |  |
| 버금딸림화음 |  |  |
| 딸림화음 |  |  |

# 총정리 하기

 악보를 보고 리듬치기와 리듬읽기를 써 보세요.

리듬치기

리듬읽기

안에 알맞은 음표와 쉼표를 그려 보세요.

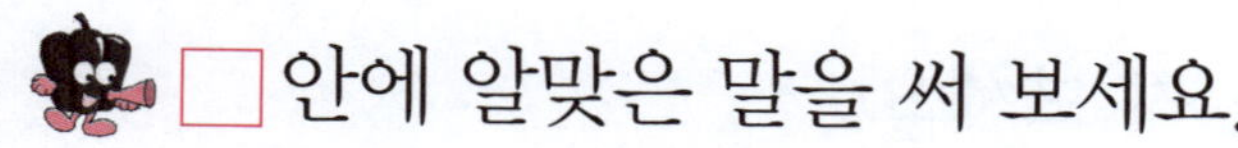 안에 알맞은 말을 써 보세요.

- 음정이 함께 울리면 □□ □□ 이다.

- 음정이 따로 울리면 □□ □□ 이다.

- 음정에는 □□ 음정과 □□ 음정이 있다.

리듬치기와 리듬읽기를 써 보세요.

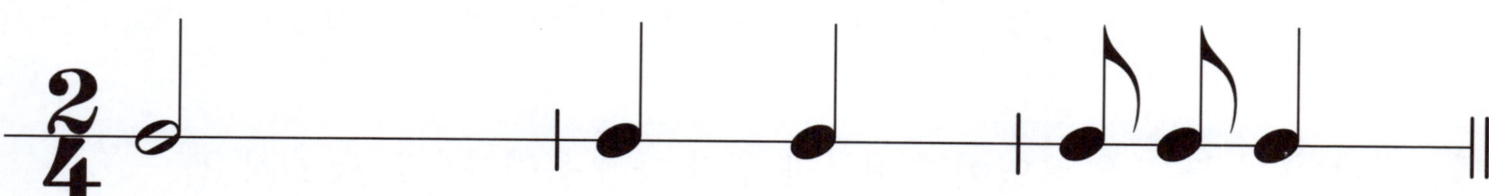

리듬치기

리듬읽기

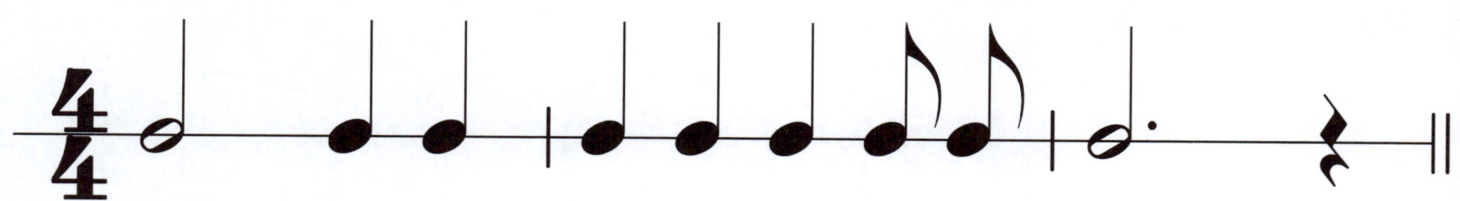

리듬치기

리듬읽기

음표를 보고 알맞은 건반의 번호를 ⬭ 안에 써 보세요.

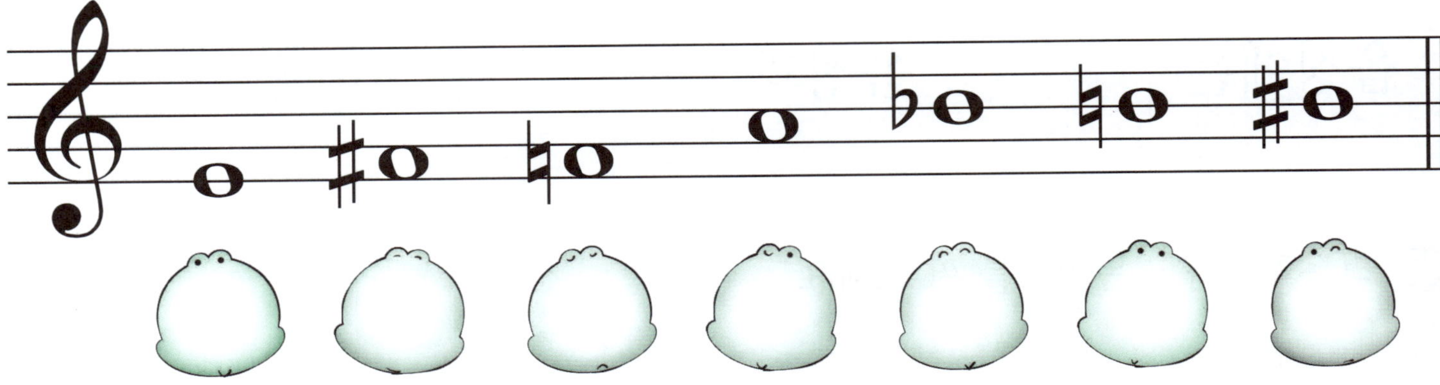

임시표가 붙은 음을 영어 음이름과 우리 나라 음이름으로 써 보세요.

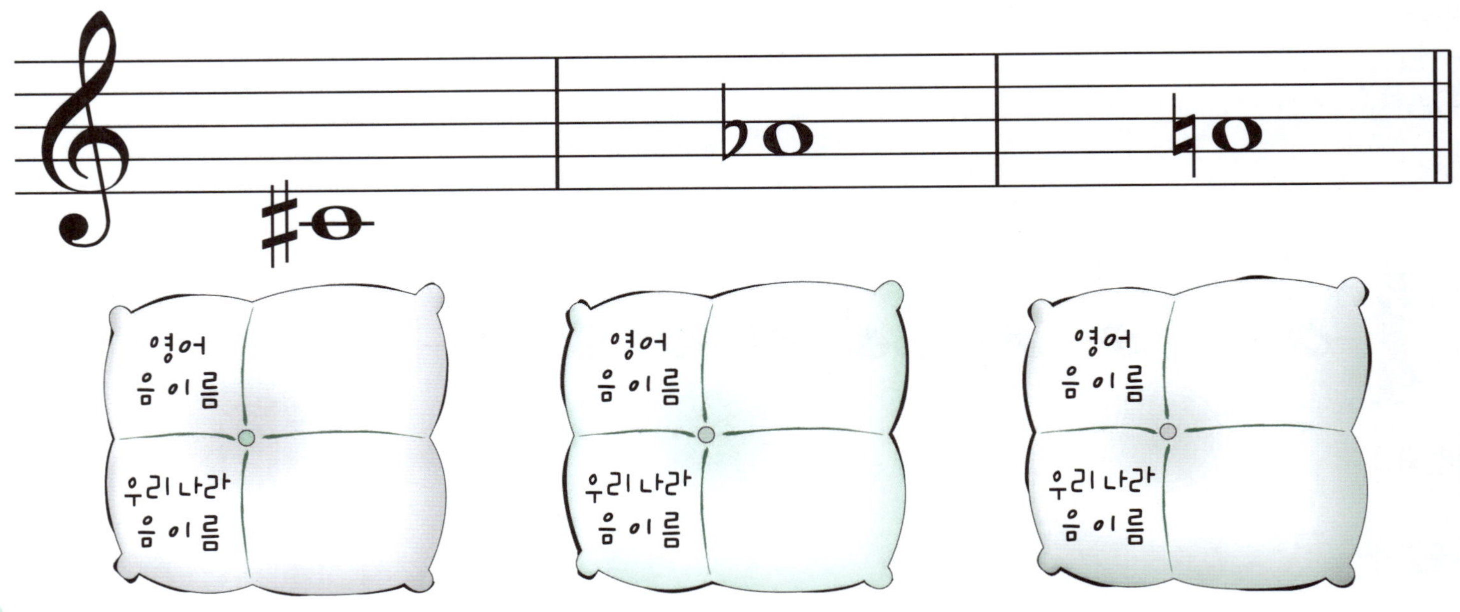

다장조 음계를 따라서 그리고 온음은 온, 반음은 반으로 써 보세요.

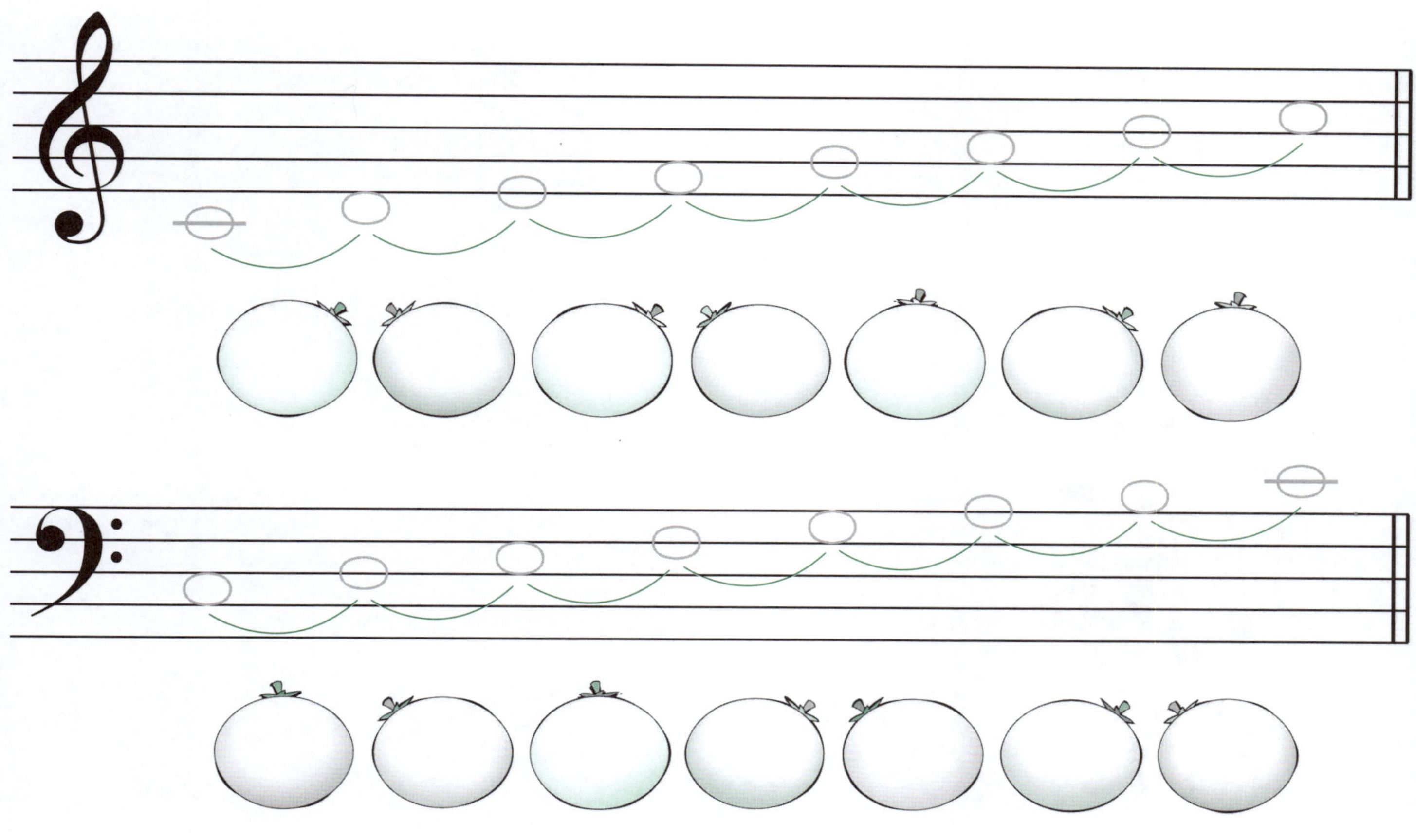

다장조 주요3화음을 그리고 화음기호를 써 보세요.

**발 행 처**  아름출판사
**주    소**  경기도 고양시 덕양구 독곶이길 171(주교동)
        http://www.armusic.co.kr
**전    화**  (031)977-1881~2(영업부)
        (031)977-1883~4(편집부)
**팩    스**  (031)977-1885
**등    록**  1987년 12월 9일 제2001-7호

**편 저 자**  아름뮤직아카데미
**발 행 인**  성강환
**편 집 인**  편집부

판 권
AP
소 유

표지 : 그림/손정석, 디자인/박종우
본문 : 그림/손정석, 디자인/박종우





ISBN 978-89-8377-811-6    04670
    978-89-8377-800-8(세트)